U-35
Under 35 Architects exhibition
35歳以下の若手建築家7組による建築の展覧会
2016

U-35

Under 35 Architects exhibition

35歳以下の若手建築家7組による建築の展覧会

2016年10月14日(金) - 10月30日(日) 12:00 - 20:00
[17日間] 開催期間無休
うめきたシップホール
〒530-0011　大阪市北区大深町4-1 グランフロント大阪 うめきた広場 2F

主　　催		特定非営利活動法人アートアンドアーキテクトフェスタ
共　　催		一般社団法人グランフロント大阪TMO　一般社団法人ナレッジキャピタル
後　　援		大阪市　毎日新聞社
助　　成		公益財団法人朝日新聞文化財団　独立行政法人日本芸術文化振興会
		公益財団法人関西・大阪21世紀協会
特別協賛		AGC旭硝子　　AGC studio
広報協力		LIVING&DESIGN 2016　アジア太平洋トレードセンター株式会社
		リビングデザインセンターOZONE　株式会社髙島屋
展示協力		株式会社インターオフィス　株式会社カッシーナ・イクスシー　キヤノン株式会社　株式会社丹青社
		パナソニック株式会社　株式会社パシフィックハウステクスタイル　株式会社目黒工芸
協　　賛		KS GROUP　日本電気硝子株式会社　株式会社シェルター
協　　力		財団法人大阪デザインセンター　公益財団法人大阪市都市型産業振興センター

http://u35.aaf.ac

special interview I	伊東豊雄	インタビュア：平沼孝啓	004 - 013
message	五十嵐太郎	建築家の30代	014 - 015
	田根剛	この時代をつくること	016 - 017
	吉村靖孝	「矩形の森」前史	018 - 019
exhibition overview		U-35展の開催にあたって	020 - 021
profile		出展者情報	022 - 023
exhibit		会場案内	024 - 025
under 35 architects	松本光索	1:1の思考	026 - 033
	川嶋洋平	線 / 渋谷の低層集合住宅 / 中野の集合住宅	034 - 041
	高池葉子	馬と暮らす曲がり家 / 海の市場レストラン	042 - 049
	酒井亮憲	手がかりの模様	050 - 057
	小引寛也+石川典貴	石の祈念堂	058 - 065
	前嶋章太郎	印象派	066 - 073
	竹鼻良文	他分野への息吹「無意識」	074 - 081
interview	meets U-35	インタビュア：倉方俊輔	082 - 089
essay		大学生からみた"U-35" 2016	090 - 093
		座談会を聞いた今年の"U-35"	094 - 097
in addition グランフロント大阪TMO	廣野研一	建築デザインは誰のものか	098 - 099
ナレッジキャピタル	野村卓也	人生のターニングポイント	100 - 101
AGC旭硝子	木原幹夫	プロセスを表現したモックアップ	102 - 103
archive		2010 - 2015	104 - 107
special interview II	藤本壮介	インタビュア：平沼孝啓	108 - 121
afterword	平沼孝啓	あとがき	122 - 123
acknowledgements		関係者一覧	124 - 125
events		記念シンポジウム&関連イベント概要	126 - 127

special interview I ｜ 伊東豊雄（いとう とよお）
インタビュア：平沼孝啓

──　この展覧会はそもそも、伊東豊雄さんに相談することからはじまった。若くして独立する機会を得たが、まだ社会とつながっていない建築家に、発表の機会をつくりたいという想いに応援してくださって、2010 年に初回の開催を迎えることができ、今年で 7 回目となります。隔年のように大阪の展覧会会場にお越しいただき、出展者の展示をみて説明をお聞きいただき、当日に開催されるシンポジウムにご登壇をくださって、これからの建築のあり方を探る議論を交わしてくださる。

　今後の建築のあり方に伊東さんは、近作・ぎふ メディア・コスモスを通じて、「私たちはグローバル経済の下で均質化を進める建築世界にあって、地域や場所に密着した建築を提唱したい」と言われています。そして「それは近代主義の先に私たちが発見すべき明日の建築の先駆けとはいえないでしょうか。」とこれからの建築のあり方を示唆されている。

　今後の建築界を担うであろう、U35 出展者をはじめとする建築を志す若手へのメッセージをお聞きしたのと同時に、この展覧会にも所縁の深い伊東さんが、今、どのようなことを思い、これからの建築への希望を持たれているのかをお聞きしました。

伊東豊雄（いとう とよお・建築家）
1941年生まれ。東京大学工学部建築学科卒業。近作に、「台湾大学社会科学部棟」、「みんなの森 ぎふメディアコスモス」など。現在、「台中国立歌劇院」（台湾）などが進行中。日本建築学会賞作品賞、ヴェネチア・ビエンナーレ金獅子賞、プリツカー建築賞など受賞。2011年に私塾「伊東建築塾」を設立。児童対象の建築スクールや、地方の島のまちづくりなど、これからのまちや建築を考える場として様々な活動を行っている。

─── 前回にインタビューをさせていただいてから、2年が経ちました。一昨年に引き続き、の第2弾となりますが、本日はどうぞよろしくお願いします。

はい。今回もざっくばらんにしましょう。

─── ありがとうございます。前回にお聞きそびれたことからはじめさせてください。まずは伊東さんのU-35の頃は、どのようなことに興味を持たれていたのでしょうか。

はい。「中野本町の家」ができ上がったのが36歳の時です。30歳で独立をしたのですが、その頃は今のような多くのコンペティションもなかったですし、独立しても仕事らしい仕事は、ほとんどなかった時期でした。ただ同世代の建築家たちと飲みながら議論を交わすという、膨大に暇な時間がありました。朝から演歌のレコードをかけて。（笑）

外に飲み行くお金もないので、事務所にウイスキーを買ってきて、同世代の石井和紘さんや石山修武さん、村上徹さんなどと、よく飲んでいましたね。その頃はみんなも仕事がなくて、誰かがいい仕事をすると、悔しがってその方を罵倒するという、性格が悪い連中ばっかりの集まりでした。（笑）

─── 初めてつくられたのは「アルミの家」でしょうか。その頃の想いって今でも残っていますか？

設計をはじめた頃がちょうど、菊竹さんのところを辞めて間もない頃でしたから「アルミの家」には非常に複雑な思いがありました。それはメタボリズムに期待して菊竹さんの事務所へ入所し、大阪万博が開催された時に「都市の夢ってこの程度のものだったのか」みたいな、落胆した気持ちと同時に、1969年に大学が封鎖になるくらいの学生運動がありましたので、彼らに共感した想いや当時の社会状況が複雑に絡み合っていました。「アルミの家」は自分なりの、メタボリズムへの決

別という意味合いが強かったように思っています。一方で篠原一男さんや磯崎新さんの言説に惹かれていく中で、「アルミの家」は、それまでお世話になったメタボリストたちに、自分なりの決着のような意味合いが込められているものですね。ここから、新たな自分の歴史がまた始まるような転換期でしたね。

——— その頃は、多くの建築を見に行かれたりされましたか？

　国内では、自分の仲間内の石山さんや石井さんなど、身近な人たちの建築はよく見ていましたね。その頃は海外へ行くお金もなかったし、機会もなかったように思います。ようやく 1970 年代の終わり頃くらいから縁があって、日本航空のチケット・オフィスをつくる仕事をさせていただいていました。まだその頃には日本航空の各支店も、世界の各都市の主要な目抜き通りのような場所に存在していたのですね。この仕事はインテリアだけでしたけれども、1980 年代前半くらいまで続けさせていただいた期間に合わせて、海外でもいろんな建築を見させていただきました。一方国内の 1970 年代はオイルショックを契機として、社会が内向していく時代でした。1980 年代になり、日本の経済が元気になりはじめバブル景気に乗り、「シルバーハット」や「風の塔」をつくりました。この時代は「レストランバー・ノマド」など、どちらかといえば公共というより商業的な建築が主でした。

────── くまもとアートポリスでの公共建築はその後になるのでしょうか？

　そうですね。47歳の時にはじめて磯崎さんからお誘いをいただけて、八代市立博物館の設計をしました。それが公共建築のスタートで、50歳の時に竣工しました。八代の博物館のおかげで、公共建築のコンペティションに参加できるようになって、90年代は地方の公共建築を幾つか手がけることができました。それから1995年にせんだいメディアテークのコンペティションにつながり、これがまたひとつの大きな転機となりました。

────── 1990年代は、ちょうど僕たちは学生時代でしたので、メディアテークで転機をむかえられた大きく変わ伊東さんを見て育った世代です。2年ほど前にこのインタビュー（第一弾）をとらせてもらった時、台中のメトロポリタンのお話しをお聞かせいただいて、翌月に現場を見させてもらいました。まだまだ工事中でしたが、とてもすばらしい建築を体験させてもらったのと同時に、現場での様子を昨年、ギャラリー・間で開催された展覧会の映像でも、レム・コールハースが「現代のさらに新しい建築をつくられた」と言われていました。伊東さんはこのオペラハウス以降、どのように変わっていかれているのかを、あらためてお聞かせください。

　そうですね。台中のコンペティションが2005年の暮れだったので、ちょうどそれから10年になりますが、その間に日本では多摩美の図書館など東京郊外や地方の仕事、そして台湾の仕事が多くなりましたね。いくつか既に完成したものもありますが、シンガポールなどアジアでの仕事が増えてきました。そうはいっても、岐阜のメディアコスモスの提案にいき着くまで、「もっと自然と、かみ合うような建築をつくりたい」とずっと思い続けていて、それがなかなか思うようにはいかなかったという時代とも言えますね。台中のオペラハウスは単純にいうと、人間の身体みたいな建築なのです。人って体内にいろんなチューブを持っている。それによって外の自然と繋がっている、ということを建築で実現したかった。つまり、垂直方向水平方向にさまざまなチューブが連続していて、それによって外部につながっているという思想ですが、実際にはなかなか建築の中まで自然を引き込むことが思うようにできない。「多摩美術大学図書館（八王子キャンパス）」や「瞑想の森 市営斎場」も、幾何学のシステムはどこまでも連続していくコンセプトでできているのですが、

実際には切れてしまうという矛盾を繰り返していました。「みんなの森 ぎふメディアコスモス」に至り、ようやく少し空気が内部空間まで流れるということが実現できたような気がして、少し進化できたように思っています。

──── 伊東さんはそれまでの設計スタイルに留まらず、プロジェクトごとに、どんどん進化し続けられていくように感じています。これはこれからもずっと変化され続けていかれるのでしょうか。

　そうですね。やっぱりスタイルを定めたくないっていう思いはいつもあります。「メディアコスモス」だって、終わってみればもっともっといろんなことができそうな気がするので、進化かどうかはともかくとして、常に変わっていきたい気持ちはありますね。

──── そのようなことをお聞きすると次の建築にまた期待をしてしまいます。（笑）いま、どのようなプロジェクトに取り組まれていますか。

　はい（笑）東日本大震災のちょうど 1 か月前に、岐阜のコンペティションがあったのです。震災のあった後に被災地に通いながら、設計をやっていた訳です。「一緒に考え、一緒に創る」という「みんなの家」で学んだ教訓を、岐阜でもそうでしたし、今後の公共建築で活かしてゆけるのかが、いま自分の中で最大のテーマです。民間でもそうですが、特に公共のコンペティションだとどうしても最初に競技者として、建築のアイディ

アを提案しないと実現できないのです。そうすると自分たちが先行して勝手に提案をつくることになる。運良くコンペティションで通ることができると、ようやくその場所の地域の方たちに、「この提案はどうでしょうか？」という相談がはじまるのですね。本来ならそうじゃなくて、案をつくる前に住民の方たちと一緒になって考え、一緒になって創っていく方が、面白い建築ができると思っています。でも今の社会では、そういうシステムにならなくて、逆にそういうことを言うと「建築家としての考えが実現できないのではないか」という意見もありますが、僕は今、「建築家側が変わらないといけない」と思っています。これまでのように、「すごい提案をしたぞ」といっている時代ではなくて、建築家は

「ファシリテーターのような役割」がこれから大切に重要になっていくと思います。できれば、若手の人たちにもそういうトレーニングをしてほしいし、僕自身も一緒につくっていくことで「別の何か」今までにはない建築ができていくことに関心があります。

──なるほど。建築家として自分が予想できるような建築をめざすのではなくて、地域の方や運営者、その建築を日常的に利用する人たちと一緒につくっていく。その中で、これからの新たな建築の可能性を探っていくということですか。

そうです。僕は自分で最初にはこんなイメージ、或いはこんな考え方でつくりたいと提示しますが、そこから先は多くの人たちの意見を取り入れながら、当初考えていたものから変わっていくことへの期待を持ってきました。変化していくことが、僕にとっては興味深いのですね。

──ひとりでも多くの方たちとの取り組みを増やしていくと、必然的につくられた建築は愛されていくものだと僕も信じています。ちょうど2年前にU-35展の記念シンポジウムにお越しくださった際のレクチャーで、メディアコスモスのコンペの時からのお話しをお聞かせくださいました。その頃から、熱や音環境への配慮であったり、流動する空気の話しをしてくださって、現場施工写真のスライドをお見せくださった時に、施工する現場がとても過酷な状況になっているとのお話しから、つくり手側もみんなで一緒につくりながら、あらたな技術へもチャレンジをされているとお聞きしました。

そうですね。岐阜の場合だったらコンペの時点から、ア

Toyo Ito | 009

ラップの設備、構造エンジニアの人たちが関わってくれましたし、スタッフを含めたくさんの方たちが、素晴らしいアイディアを出して下さいました。特徴的なグローブも、グローブの下の家具も、この現場はすごく良いチームで1つになってできたという、良い例となりました。

―― この時のレクチャーをお聞きしながら僕たちは、その大変な苦労というプロセスを経てこそ、その建築で感動を与えられるのかなということを感じていました。もうひとつお聞かせください。震災以降、被災地に通われ続けられていた取り組み。先ほどお話しくださった「みんなの家」はそのあと、どのように進んでいますか。

　はい。初期の仮設団地の中でつくられるものはそろそろ役割が終わり、仮設建築は年内くらいにはほとんど取り壊されます。今週もその打ち合わせも兼ね、最も初期につくった宮城野区の仮設内の「みんなの家」に久しぶりに行きました。これからはそれぞれの役割があると思うのですが、他の場所に残して当時の記憶を留めるようなことになる建築もありますし、場合によれば完全に解体されるものも出てくると思います。一方ではまだつくられていて、現在まで14軒ができ上がり、15軒目を柳澤潤さんと一緒に福島で取り組んでいます。小さな子どもたちから小学校低学年までくらいの子供が遊べるような、屋内型の遊び場に取り組んでいます。いまだに福島に行くと、やはり親御さんが小さい子供たちをグラウンドで遊ばせたくない。そういった想いもつのる中、砂場が屋内にあるような「みんなの遊び場」、子どもたちの遊び場が5月に竣工します。

―― 後半に差しかかったところで、ひとつお聞かせください。今の日本の建築をめぐる状況をどう感じられていますか。

　今、僕が関わっている国内の建築は、公共の建築が多いのですが、国立競技場案のことも含めて、これまでよりますます官僚主導になっていく傾向があり、強い危機感をもっています。制度としての安全安心というのか、これは言ってみれば管理の問題ですね。管理社会が「ここまできたか」という印象を受けています。つまり管理という制度上の問題ばかりによってデザインが決定され、「素晴らしい建築をつくりたい」というような、地域の人たちや利用する人たちにとっての想いや夢が消されていくように思います。そこに歯止めをかけるための折り合いをつける方法を

探るしかないかもしれないですね。折り合いをつけるやり方として、立ちはだかっている壁に小さくても風穴を開けていくようなことでも、後の世代に対して重要な役割を担うのだと思います。

――― 今回の国立競技場の建て替えをめぐり、大きく社会を巻き込んだことから、現在の建築をめぐる社会での位置づけが露呈されたように思います。やはり自分たちから行動をしない限り、今後の建築をめぐる環境は、どんどん圧迫をされていくということですね。

　そうですね。「新国立」のコンペティションは設計・施工一体のいわゆる「デザインビルド」というシステムでしたが、今回はその枠組みを超えて、ゼネコン側も誠心誠意、一体となってやってくれました。こういう瞬間が建築をやっていると、やっぱりあるんだなと、感動的なものでしたよ。設計者と施工者が１つのことに向かって、お互いに議論しアイディアを出し合って取り組んだことは大きな収穫となりました。

――― 伊東さんはこれまでながく建築をされてこられました。これから建築を目指す今の若い人たちや、独立してこれからがんばろうとする方たちが取り組むべき課題として、どのようなことに目を向けるべきでしょうか。

　やはりもっと社会に発言をしていかないとダメだと思います。東京にいてメディア上で世界に向

けて発信しても、今後の日本の公共建築の設計には期待できないんじゃないかな。これからは地方で地道な活動を続ける設計者の方が、これからの建築家という職能の中心になっていくように思います。それともうひとつは、世界に出ていくのなら今の若い人たちがもう少し深く考えて、日本も含めたアジアから自然と一体化した建築を世界に向けて発信し、均質化したモダニズムの建築を変えていくことを志してほしい。海外で世界的に評価の高い建築家は若手にもたくさんいます。日本の建築家はどうしてそんなに評価が高いのかって言われるくらい評価されているけども、それは西洋社会での評価です。もともとモダニズムは西洋社会から生み出され日本に輸入されたものだし、未だに西洋社会では、モダニズムの建築が最高だと思っています。でももう、これから先の建築を考えなくてはいけない時期だと感じています。

　先日、アメリカのコロンビア大学で建築家たちと対談をする機会がありました。その中で「透明性を高めていく」ことや「いかに薄くする」とか「細くする」ということの先に、一体何があるんだろうっていう議論を交わしました。わかりやすくいうと、原爆をつくった科学者は、技術を詰めていくとその研究に没頭してしまうわけですよね。そこに心酔していくのだけれども、それと同じようなやり方で、建築家は透明性を高めて、厚さの薄くなる建築をつくる。その事によって人々は幸せになるんだろうか？という、社会との疑問を質問したんですね。ケネス・フランプトンがコメンテーターで、この問いに対して「全くその通りだよ」って、共感をしてくれていました。国内の空き家を改修するとか、古い建物の改修っていうのは、これからの社会で凄く重要なテーマになるでしょうから、そういう活動をする事もとても重要な役割だと思います。

―― 伊東さんが数年前にプリツカー賞を授賞された時の新聞記事に、「日本人がつぎに獲る機会があるのならば、これぞアジアを代表する建築で是非とってほしい」と書かれてあったことを想い出していました。そしてつぎに授賞された坂さんのような建築家は、設計以外にも世界で被災地への復興支援を中心に活動をされています。

　それはそれで大変。なかなかできない事だと思います。でも彼がつくる建築自体はモダニズムの建築。そういう魅力はないですけど、彼の行動力は凄いですね。でも僕が思っていたのは、「アジア」

という事をどれだけ強く意識するかっていうことではなくて、西洋で認められる事を喜んでいるようじゃ全然駄目じゃないかなということです。今年のシンポジウムの日程は、藤本さんなどの40代建築家たちは僕が大阪へ行く前に議論されているのですね。どうぞシンポジウムは、平沼さんから同世代のゲスト建築家へも、ガンガン言ってやってください。

─── はい。承知しました！（笑）
　最後になりましたが、伊東さんをはじめ、これまで多くの方たちにご助力をいただけたおかげで、昨年より大阪駅前のグランフロントに展覧会会場が移りました。利便性がよくなりましたことから多くの方にもお越しいただくことになり、公募を勝ち抜き出展者となりました若手の建築家1組へ、ゴールドメダルの賞を与えることになりました。毎年、議論を交わす僕たち一世代上としての責任も感じながら、昨年の出展者の公募から審査を務められた藤本さんから「当年は該当者なし」という結果にいたりました。今年は五十嵐淳さんが審査員を務められましたので選出されると思いますが、もし可能でしたらビエンナーレ方式で2年に1度ほど、「伊東賞」など、伊東さんにも作品に対してご選出いただけないでしょうか。
　はい、わかりました。大阪で今年の出展作品をみることを楽しみにしています。

平成28年3月　伊東豊雄建築設計事務所にて

message | 五十嵐太郎（いがらし たろう）

建築家の30代

五十嵐太郎（いがらし たろう・建築史・建築批評家）

1967年パリ（フランス）生まれ。92年東京大学大学院修士課程修了。博士（工学）。東北大学教授。あいちトリエンナーレ2013芸術監督。芸術選奨新人賞を受賞。

　建築家という職業は、遅咲きと言われ、一般的に長生きすればするほど、生活や空間の豊かな経験が増え、知人や友人が偉くなり、チャンスが増える。実際、10代で芽が出るスポーツ選手、20代でデビューする音楽家、あるいはアーティストと比べて、建築家は40代でもまだ若手と呼ばれる。例えば、1913年生まれの丹下健三の30代は、戦争の混乱と重なり、40代を過ぎてから本格的に作品を発表した。スタートが遅い建築としては、ルイス・カーンも挙げられる。彼は40歳になるまでほとんど無名だった。またキュレータとして出発したフィリップ・ジョンソンは、34歳で大学に再度入って、建築の勉強をはじめた。有名なガラスの家は40代のときの作品である。とはいえ、早熟なケースもなくはない。ここではウィキペディアに記された建築家の生年と作品の竣工年の差を年齢とみなし、いろいろな事例を紹介しよう。

　日本建築学会賞（作品）を見ると、槇文彦の名古屋豊田講堂はわずか34歳、石上純也の神奈川工科大学KAIT工房は35歳のときに受賞している。磯崎新と菊竹清訓も35歳で受賞しており、1960年代は現在と違い、30代の建築家がよく学会賞に選ばれていた。年齢を考えると、ひとつ上の世代は戦争に駆り出され、多くの人たちが亡くなっていたことから、戦後の復興とともに、早めにチャンスがまわってきたのかもしれない。当時若手だったメタボリズムのメンバーは1970年の大阪万博で活躍し、1934年生まれの黒川紀章は3つもパヴィリオンを手がけている。菊竹のスカイハウスは30歳のときに発表された。一方、磯崎の最初の著作『空間へ』は40歳のときであり、

その後の膨大な書籍を考えると意外に遅い。ちなみに、個人ではなく、妹島和世との共同名義 SANAA としての学会賞だが、西沢立衛はなんと 32 歳で受賞している。

　デビューの早さという意味では、日本初のモダニズムの運動とされ、近代建築史に位置づけられた分離派建築会は、1920 年に東京大学を卒業したメンバーが結成し、マニフェストを発表しているが、堀口捨己や山田守は、当時まだ 25、6 歳だった。前川国男がフランスから帰国し、帝冠様式の流れのなかで 1931 年の東京国立博物館のコンペに負けを覚悟しながらモダニズムの案を提出したのも、26 歳のときである。辰野金吾や片山東熊など、明治時代の最初の建築家の世代は、様式を学ぶために 40 代になってから重要な作品を手がけているが、大正時代の若手はかなり早熟だった。例えば、表現主義的な京都中央電話局西陣分局 (1921) を残した岩元禄は 29 歳、建築家としても活動した詩人の立原道造は 24 歳で亡くなっている。ともに結核が原因だった。20 代という早すぎる死だが、歴史に名を残している。後藤慶二も 36 歳で病死。またヨーロッパだと、未来派のアントニオ・サンテリアは 28 歳で戦死、ジュゼッペ・テラーニは 39 歳で亡くなっている。

　伊東豊雄と安藤忠雄はともに 35 歳のときに、自らのキャリアにとって重要な住宅を発表した。中野本町の家と住吉の長屋である。その後の世界へと羽ばたく活躍は説明の必要がないだろう。よく知られている建築家の住宅としては、東孝光による塔の家は 33 歳、原広司の自邸は 38 歳、篠原一男によるから傘の家は 36 歳のときの作品である。最終的に新国立競技場の設計者に選ばれた隈研吾は 37 歳で、日本のポストモダンを代表する作品 M2 を発表した。現在の作風に変化したのは、40 代になってからである。一方、ザハ・ハディドが香港のザ・ピークのコンペに勝利し、一躍世界から注目されるようになったのは 33 歳のときだった。レム・コールハースは 34 歳で、主著『錯乱のニューヨーク』を刊行した。やはり 30 代の半ばに重要な時期を迎えている。

　さて、今回調べたなかで最速のスタートを最後に紹介しよう。中国系アメリカ人のマヤ・リンが、これまでのモニュメントとは違うデザインによって、ワシントン DC のベトナム戦争のメモリアルのコンペに勝利したのは、弱冠 21 歳の女子学生のときだった。

message｜田根剛（たね つよし）
この時代をつくること

田根剛（たね つよし・建築家）

1979年、東京生まれ。2006年、ダン・ドレル(イタリア)、リナ・ゴットメ(レバノン)と共にDGT.(DORELL.GHOTMEH.TANE / ARCHITECTS)をパリに設立。代表作に『エストニア国立博物館』(2016年完成予定)、新国立競技場国際設計競技『古墳スタジアム』(2012)、『LIGHT is TI ME』(2014)。フランス文化庁新進建築家賞(2008)、ミラノ・デザインアワード2部門受賞(2014)など多数受賞。現在、コロンビア大学GSAPP講師・ESVMD講師。

　「35歳以下の若手建築家による建築の展覧会 2016」とは、1980年生まれ以降の世代による建築または建築家のグループ展となる。グループ展とは個の思考の集合体から全体の同調性と差異を垣間見る試みだと思う。U-35の若手建築家というと、実は自分と同年代であり、同志であり、ライバルでもある。建築に志を抱き、大学を卒業してから十数年がすぎた頃合いだと思う。あるひとは設計事務所で長く経験を積み、あるひとは事務所や組織設計、もしくは留学や海外でのさまざまな経験をし、あるひとは大卒ですぐに独立をして叩き上げで実績を積み上げてきたかも知れない。建築家になる道筋はひとつとして同じ道はなく、それぞれが自分の経験をとおして道を切り拓き歩んでいくしかない仕事だ。

　現在、日本は豊かな時代とはいえない。上向きの時代でもない。バブルが弾け、不況が続き、先の見えない社会、環境問題、情報化、国際化、都市と過疎、そして大きな震災が起こる。自分と同じ世代であれば、これらの現実を常に肌で感じ続けながら過ごしてきたのではないかと思う。それでも各自が手探りで見えない先を模索しながらも、建築に憧れ、未来に夢を抱き、この仕事で生きると決意が固まった頃合いの世代だと思っている。

　自分は事務所をはじめて今年で10年となる。言葉すら知らず右も左も分からないパリの街で事務所を開設した。2006年1月、『エストニア国立博物館』のコンペに勝ちはしたものの、経験もなく実務の「じ」の字すら分かっていなかった。ただそれでもやるしかない、その状況だけが押し迫っ

てきた。パリを拠点に、エストニアに何度も赴き、繰り返される打ち合わせと、ひたすら描き続ける図面、多国籍のスタッフを抱えながら前へと進んでいった。そうやって日々の中から学び、自分の経験から力を身につけていくしか出来なかった。建築の仕事は、規模や予算が大きければ大きいほど関わるひとの数も多くなる。そしてその仕事の責任を受け入れたとき、人間を大きく成長させてくれることを学んできた。

　自分は「建物」を設計することと「建築」を考えることは別だと考えている。設計という仕事は、正確さを求められ、法規を遵守し、時間と予算をコントロールしながら、技術的解決や、用途や性能を満たすこと、いわゆる「建物」をつくるための仕事＝技術労働が必要だ。知識や経験を蓄え、現場へ足を運び、図面から現実の形へと作り上げていく。しかし「建築」というのはもっと大きな仕事ではないかと思っている。建築は思想または思考の仕事だ。土地と向き合い、過去の歴史や文化、時代の欲望、自然、科学、芸術、音楽、文学、映画、またはひとの活動や挙動、そこには考える自由が与えられている。思考を物質化していく仕事＝頭脳労働が建築家の仕事だ。すべての可能性に満ちた地点に建築のはじまりがあり、発想や構想や想像を構築していくこと、ここに建築の存在があると思っている。

　時代はグローバルになった。本来はローカルであるはずの建築の仕事が、アイデアがあれば若手でも世界で仕事が出来る時代だ。同世代の建築家がこの先も建築の力を信じて、この時代の文化、社会、未来を築いていく大きな挑戦を試み続けてくれることを強く期待している。

message | 吉村靖孝（よしむら やすたか）
「矩形の森」前史

吉村靖孝（よしむら やすたか・建築家）

1972年生まれ。97年早稲田大学大学院修了。99-01年MVRDV勤務。05年吉村靖孝建築設計事務所設立。13年明治大学特任教授。受賞に吉岡賞、日本建築学会選奨ほか。著書に『ビヘイヴィアとプロトコル』ほか。

　自分自身の若かりし日々についての回想は一度二度なら良いが、毎年寄稿するとなるとそうも行かず、昨年は審査員を務めた藤本壮介についての小文をしたためた。この形式を踏んで、今年は五十嵐淳について書いてみたい。ド派手な服装や、歯に衣着せぬ物言いなど、やんちゃな人物像で知られる五十嵐は、北の大地の果ても果て北海道常呂郡佐呂間町で、日本国中の誰にも背後を獲られることなく、まるでサムライのように活動してきた。（その五十嵐が事務所を札幌に移したそうだが、詳しい経緯は知らない。今度聞いてみたい。）高校卒業後、専門学校から地方の「ふつうの」設計事務所に就職し5年勤めたという経歴も、クリーク、スクール、シューレなんでもごされの建築界にあっては異色。五十嵐本人は、この間を「堕落」であり「苦痛」だったと自嘲気味に語っている（建築系ラジオより）し、たしかに、安藤忠雄に憧れた青年がハウスメーカーやビルダーのような地道な仕事を淡々とこなす日常に鬱積するのは想像に難くないのだが、帰納的に考えてこの間の経験を無視できるはずもない。U35達へのエールとして、その五十嵐の浪人期間（もちろんメタファーとして）について考えてみたい。それがこのエッセイの趣旨である。

　さて、そんな五十嵐が独立するきっかけとなったのは、五十嵐の祖父が創業した工務店・五十嵐組の事務所ビルの建て替えであった。この建物が当時メディアに発表されたのかどうか私は知らないが、仮にされていたとしても、五十嵐のデビュー作と言えば一も二もなく「矩形の森」である。

しかし実のところ、この事務所ビルが「矩形の森」の隣に「矩形の森」よりも先に建ち、しかも長年五十嵐自身の事務所としても使われていたのである。その事実を私は、佐呂間まで足を伸ばし五十嵐事務所を訪問した際はじめて知ることになるのだが、この事務所ビルがまた実に興味深いのであった。一見すると「ふつうの」事務所で働いた経験が素直に投影された「ふつうの」木造のようにも見えるのだが、屋内に入ると木造らしからぬ大きな吹き抜けがあり、しかもその吹き抜けはキャットウォークのような床がぐるりととり囲んでいる。この床の口の字は、今現在の五十嵐建築の壁に開く、五十嵐のトレードマークと言っても良いあの口の字の開口と明らかに類似していると私の目には写る。また、キャットウォークに向かう階段の幅が異様に狭く、そのことによってスケールの感覚を微妙に揺さぶってくる。身体が持つスケールと建築のスケールを調整するというよりは、極端な延長（「風の輪」ほか）や極端な分節（「気密の住居」ほか）で攪乱する後の五十嵐の手法の萌芽のようにも見える。ディテールやプロポーションなどは今の五十嵐に比べ荒削りな部分があるが、しかしそれでも今につながる茎や葉がすでに芽生えていたように、私には見えたのである。

　はたして、このエピソードから汲み取れる寓意は何か。ひとつには、兎にも角にも来たボールにバットを振りきることの重要性だろう。5年勤めたとはいえ、大学院生と変わらぬ年齢の建築家が設計をまとめるのは容易いことではなかったはずだ。しかし畏れず建て、そこに自ら暮らした経験が爆発的な推進力になり「矩形の森」が生まれた。もうひとつには、異質に見えるはじめての仕事にすらすでに建築家の自我がふつふつと滾っているという事実が気になる。「ふつう」を纏ったことによって、むしろアイデアの源泉が浮き彫りになったように見えたのだ。個性とは、強引な誇張や虚飾では構築し得ぬ何かなのだとあらためて思った。

exhibition overview | AAF

U-35展の開催にあたって

it is always the *young ones*, who change the era.
時代を変えるのは、いつだって「若手」だ。

　若手建築家の登竜門とした建築の展覧会「U35 Under 35 Architect exhibition｜35歳以下の若手建築家7組による建築の展覧会」を開催いたします。　2010年より大阪・南港ATCにて開催をはじめた本展は、これまで建築の分野で活躍される方たちを主に、アートやデザイン分野の専門者に向けた展覧会として開催を続けてきました。6年目となりました昨年より、関西の玄関口に位置するグランフロント大阪の「うめきたシップホール」にて開催する貴重な機会をいただきましたことから、専門者に限らず一般者を含む各方面の方から高評をいただき、今年、多くの関係者にご賛同をいただくことができました。そして第7回目となります本年、あらたな建築の可能性を多くの方に向けて、次世代の建築家の姿勢を示す機会を目指し、この地で2度目の開催をいたします。本年は利便性の高いこの会場に、一般に開かれた関連イベントを導入し、これからの建築への想像力を誘発するような取り組みを試みます。本展への出展者をはじめ、シンポジウムへと登壇されるゲスト建築家が建築を目指すきっかけとなったような、希望や夢のようなものにつながる体験の場となり、これからの社会を築く若い人たちを含めた現代の人たちに、希望や憧れ、励みをもつような機会となることを願いました。

　多数の出展応募をいただく本展は、これまでと同様に、今年も公募により出展者の選考をしました。毎年、建築家1名による審査には、昨年の審査員を務められた藤本壮介氏につづき、今年は、北海道での建築設計活動のみに留まらず、今や北欧を中心にヨーロッパをはじめ、国内外で活躍される五十嵐淳氏に選出していただきました。本展の第2回目の開催よりはじめました出展者の公募は、まだ知られていない才能をもった若手の建築家に出会うきっかけとなってきました。この展覧会の卒業者は現在、全国で活躍をはじめている大西麻貴氏や増田＋大坪氏などを輩出するような広がりをみせはじめ、多くの若手の設計者が挑戦するような機会となってきています。本年の厳正な審査を勝ち抜いた出展者は、川嶋洋平、小引寛也＋石川典貴、酒井亮憲、高池葉子、竹鼻良文、前嶋章太郎、松本光索という、7組の若手建築家が選出されました。今年の傾向として、出展者の半数は、世界で活躍をされている建築家の下で意欲的に建築を学ばれた方たちが多く、取り組まれたプロジェクトの内容から、広角度かつ多元的な視野を養われた経験をもつ方が多いように感じ

ています。海外で建築を学んだ経験や立場も異なるスタンスで設計活動に取り組む彼らが、短く限られた時間の中でひとつの展覧会をつくりあげることができるのは、同じ時代に生まれ、同じ時代背景の中で学んできた同世代だからこそ共感できる、社会に対する意識があるからではないかと感じています。また公募による選考で選出された出展者は、等しく平等な立場であることから、自発性や積極性が高まり、展覧会に取り組む意識が大きく変わったことも、良い影響となって表れているのかもしれません。

　建築の展覧会は、一般的なファイン・アートの美術展とは異なり、展示物の発表だけが主体とならないことから、展示の性質や目的に違いがあり、発展途上の分野であるといえます。しかし建築の展覧会とは、展覧会自体を体験する人たちにとって、より"身近なもの"になる可能性を持っているのではないでしょうか。もちろん一概に決めつけることはできないのですが、多くの場合において、非日常的な存在性を放ち、常識に対する新たな視座を示していくアートに対して、建築は私たち人間が生きていくための場所として、日常の中に当たり前に存在しているものだからです。だからこそ、その空間性に豊かさを求めたいと建築家たちは建築に願いを提案するのです。有形、無形を問わず、人を感動させる力をもったものに備わる豊かさの中には、人間の創造力を働かせ、計り知れない努力を重ねた上に成り立つ芸術性が存在しているものです。出展者である彼らは、これからの社会環境をつくっていく時に、このような芸術性の高い空間を実現させていくことで、人のためだけでない、自然も含めた環境との共存のあり方も同時に探っていきたいと模索しています。

　本展は、まさにこれからの時代を担っていく、最も若い世代の建築家たちによる展覧会です。建築家としての経験も浅く、まだまだ荒削りなところや成熟していないところもあるかもしれません。それでも、あえてこの建築をつくるという厳しい道を選び、ひたむきに未来へのプロセスを模索する7組の建築家が集まり、阪神、東日本、熊本の震災からの復興のあり方を考えてきた今このときに、共に未来をつくっていくための出発点となる場をつくることで、大きな意義を見出せるのではないかと信じています。この展覧会を通して、これからの建築の可能性をすこしでも感じていただけるでしょう。
　最後になりましたが、展覧会の実現にあたり、ご支援・ご協力をいただきました関係各位のご厚意に、心より御礼を申し上げます。

松本ガートナー祥子

AAF　アートアンドアーキテクトフェスタ

profile | U-35展
出展者情報

川嶋洋平 《中野の集合住宅》2015

小引寛也+石川典貴 《石の祈念堂》2014

酒井亮憲 《hanai》2015

高池葉子 《馬と暮らす曲がり家》2015

竹鼻良文 《Space structure》2015

前嶋章太郎 《野菜畑の倉庫》2015

松本光索 《Asakusa》2015

1983 年静岡県浜松市出身。長野県長野市で少年時代を過ごす。2008 年武蔵野美術大学大学院建築学科修了。学生時代はインスタレーションを中心にアート制作を行う。修了製作の「線」はトウキョウ建築コレクション選出。2008 年〜2014 年永山祐子建築設計。住宅や店舗をはじめ多岐に渡るプロジェクトを担当。2014 年　川嶋洋平建築設計事務所設立。現在は、東京 秋葉原にて自身がリノベーションした事務所を拠点に、集合住宅や住宅リノベーション、オフィス内装、店舗内装等のプロジェクトが進行中。

小引／1980 年京都府生まれ。04 年東北大学工学部人間環境系土木工学科卒業。06 年京都工芸繊維大学大学院修了。06-11 年田口知子建築設計事務所勤務。11 年小石川建築／小石川土木共同設立。石川／1981 年栃木県生まれ。02 年国立小山工業高等専門学校建築学科卒業。04 年千葉大学工学部都市環境システム学科卒業。06 年京都工芸繊維大学大学院修了。06-11 年栗生総合計画事務所勤務。11 年小石川建築／小石川土木共同設立。14 年第 8 回キッズデザイン賞受賞（もくもく子ども園・学童クラブ）。同年グッドデザイン賞 2014 受賞（サイクルステーションとりで）。15 年グッドデザイン賞 2015 受賞（石の祈念堂）。

1981年生まれ。14年東京芸術大学大学院博士後期課程単位取得退学。大学院在籍中に studio[42] 設立。05-06 年 Stuttgart 芸術大学建築科、Baden-Württemberg 州財団奨学金受給留学。現在、studio[42] 主宰、bask design 共同主宰。

1982 年千葉県生まれ。2008 年慶應義塾大学大学院修了。2008-2015 年伊東豊雄建築設計事務所勤務。2015 年高池葉子建築設計事務所設立。2015 年神戸ビエンナーレしつらいアート部門入賞。2011 年の東日本大震災の後、伊東豊雄氏と集いの場「みんなの家」の建築に奔走。その過程で、人と人の結びつきが強く残っている地域の力と、その力を発揮する建築のあり方に目覚める。現在、東京を拠点に設計活動を行いながら、岩手県釜石市などの被災地の復興支援活動を続けている。

1983 年兵庫県生まれ。2006 年神戸芸術工科大学卒業。2008 年同大学院修士課程修了（花田佳明研究室）。2012 年 TAKEHANAKE design studio 設立。愛知建築士会名古屋北支部建築コンクールにて古谷誠章賞・江尻憲泰賞・佳作を受賞。「Inspire the other fields」をコンセプトに、横浜アートコンペティション 2015 入選、第 24 回・25 回紙わざ大賞入選、Art in the office CCC award 入選。また大名小学校保存活用プロジェクトなどのまちづくり活動、ファッションや陶芸、折り紙などを通して他分野にある「小さな建築」の可能性を追求している。

1985 年山梨県生まれ。08 年武蔵工業大学工学部建築学科卒業。10 年武蔵工業大学大学院工学研究科建築学専攻博士前期課程修了。11 年トラフ建築設計事務所、12-16 年小川晋一都市建築設計事務所を経て、個人での設計活動をはじめる。主な作品は、「野菜畑の倉庫」。進行中のプロジェクトは、「裏の家（古民家改修）」、「O 夫妻の家」、「鳥取のアトリエ」、「柿渋プロジェクト」がある。

1984 年大阪府生まれ。2007 年京都造形芸術大学環境デザイン学科卒業。2008-2009 年藤本壮介建築設計事務所、2011-2013 年 SANDWICH、2013-2015 年 Blue Architects（スイス、チューリッヒ）にてアート、プロダクトデザイン、建築など国内外にて多数のプロジェクトを担当。16 年よりチューリッヒと大阪を拠点に本格的に個人活動を開始。主な個人作品に施主との自主設計、施工によるプロジェクト「Asakusa」(2015 年)など。現在、スイスと日本にて複数のプロジェクトが進行中。

① 1:1 の思考 　　　　　　　　　　　　　　　　　　　　　　　　　　　　　　　　松本光索

プロジェクトスペース Asakusa についての展示。図面、模型などを使わずに、ギャラリーキュレーターと 3 ヶ月現場に住み込み、アイデアの発想から施工までを現場でのやり取りのみで完結させた本プロジェクトを、1:1 というスケールに焦点を当てて紹介する。

② 線 / 渋谷の低層集合住宅 / 中野の集合住宅 　　　　　　　　　　　　　　　　　　　　川嶋洋平

3 つのプロジェクトはどれも空間と都市との関係性を考えたものです。ここでいう都市というのは不明確で大きな他者という意味です。他者を横断し、都市と接するような手法で身体感覚と意識について再考したプロジェクトです。

③ 馬と暮らす曲がり家／海の市場レストラン 　　　　　　　　　　　　　　　　　　　　　高池葉子

東日本大震災後に訪ねた、釜石へ続く道は、世界一美しい道であった。素朴な田園と海を背景として建築を考えるにあたり、いかにそこに住む人たちと共に考え、みんなが集える場所をつくるかがテーマとなった。二つの建築が、地域再生の第一歩として持つ意味を伝えたい。

④ 手がかりの模様 　　　　　　　　　　　　　　　　　　　　　　　　　　　　　　　　酒井亮憲

日常的に人が集う空間の行為とその手がかりを考察した計画。
起こり得る出来事に光や音、模様や記号を絡めて検討をした。

⑤ 石の祈念堂 　　　　　　　　　　　　　　　　　　　　　　　　　　　　　小引寛也 + 石川典貴

「石の祈念堂」は宮城県石巻市の山腹に東日本大震災による死者・行方不明者 1 万 8 千人強に対しての祈念ができる場所である。この震災後に進行していったプロジェクトを、建築を軸としながらも建物自体でなくそこに存在する状況と状態を体験できる展示としている。

⑥ 印象派 　　　　　　　　　　　　　　　　　　　　　　　　　　　　　　　　　　　前嶋章太郎

歩き進むにつれて、近づく景色と、遠ざかる景色がある。建築とは、物事に近づいたり、遠ざかったりしながら関わりを持つ中での、ふとした小さな気づきや、捉えようもない漠然とした印象を生み出す存在だと思う。そんな印象の連続、蓄積が形づくる建築をめざして。

⑦ 他分野への息吹 「 無意識 」 　　　　　　　　　　　　　　　　　　　　　　　　　　竹鼻良文

私は「 Inspire the other fields 」をコンセプトに、建築に集まる他分野の建築の部品「 小さな建築 」の可能性を追求しています。そしてその小さな建築に「Unconscious(無意識)」という共通性を見出しました。

1:1 の思考

アサクサは、ギャラリー・キュレーターが運営する、40平方メートルの一般住宅を改築したプロジェクト・スペース。1965年に建設された本物件は、建築家と施主であるキュレーターの3ヶ月に及ぶ現場住み込み期間に両者の手によって設計、改装され完成した。

台東区浅草の中心部に位置する本物件は、戦後まもなく建てられた約20世帯の平屋住宅街の一部となっている。端切れや余り物を使って修繕され、場当たり的な増改築が重ねられてきたこれらの住宅の歴史が、建物の解体を通じて再発見されることとなった。そのため、改装作業では図面、模型作成など、あらかじめデザインを構想し実現化するという通常の設計方法から離れ、建築家とキュレーターそれぞれの視点から既存の要素に着目し、その場でディスカッション、スタディ、解体、施工を横断的に繰り返して決定するプロセスを重視した。

今展覧会では、模型、図面などを使って空間全体を俯瞰したものではなく、現場で行われたプロセスに追従するように、1:1というスケールに焦点を当てて展示を構成する。実際の建築空間の部分的再現、ディテールが1:1で印刷された写真、検討に使われた実験的マテリアルなど、建築を構成するさまざまな部分を集め、1:1でありつつも、いくつかの表現方法によって展示することで、この建築のどのような部分に着目し、その部分の連続によってどのように全体が立ち現れたのかを、鑑賞者それぞれが想像し、1:1で思考する余地を持てるような展示を目指す。

階段部分垂れ壁の解体

現場での解体、スタディ、施工のプロセス

2階ギャラリー

1階エントランス、キッチン部分

1階階段部分

under 35 architects｜川嶋洋平(かわしま ようへい)
線／渋谷の低層集合住宅／中野の集合住宅

線

東京都内の公道に約100kmに続く1本の線を実際に引いたプロジェクト。展示室を通過点にする1本の繋がった線です。
泥で引かれたその線が、汚れなのか、線なのか。はたまた偶然なのか、故意なのか、故意であるならば誰が、何のために引いたのか。
線はどのぐらい長く、どこまで続いているのか、目的地はあるのか等と線に気付いた人が個々に様々な想像を巡らせるような作品です。
無意味な泥の線でも、人の日常の空間に介入してきたことにより、少しの気付きから、
多くの想像へと意識が変化するようなプロジェクトになれば面白のではないかと考えました。
そしてそれら意識、想像の中で見る日常は、きっと普段と違った人と都市との関係を生むのではないかなと思います。
日常の都市の中で、目で見ているが、意識の中で見ていないものが、目に留め、意識し、想像し、リアクションが生まれる。

1本の泥の線のうえに、無数の意識の変化と、出来事が生まれ、都市との関係が少し変化する。
それら連鎖を設計しようとしたプロジェクトです。

渋谷の集合住宅

東京都の都心部渋谷区の低層地域に設計した1部屋60m²程度、全6部屋からなる集合住宅の計画案です。
敷地の特徴として、周辺隣地四方向全て建物に囲まれている旗竿形状です。
都心部に位置するこの敷地で、周辺建物は常に変化し続けます。そして当たり前ですが、敷地には東西南北の方位があります。
この計画ではそれらの環境を等価に扱い、設計を進めることで、その結果として住人と都市との新たな関係性を見いだすことは
出来ないかと考えました。具体的には、全ての住戸がメゾネットタイプとなり、上下2層の専有空間を持つ計画となっています。
そして各部屋が敷地の東西南北を横断し、全方向に突き抜けるように開く細長い空間となっています。
その細長い空間が他の5部屋と上下交差し、立体パズルが絡み合うように全体を形成しています。
東西南北、都市に開いた細長い空間は、深い奥行きをもち、住人はその奥行きの中で都市との距離を各々調節し、生活をします。
また東西南北に開く事により、南側の直射日光や、北側のやわらかい光、朝日や夕日等、それぞれを感じられるような空間となります。
小さな生活動線の中で完結するのではなく、明るい場所や暗い場所、賑やかな場所や静かな場所という多様な選択肢を持つ事が出来ます。

1本の細長い空間に様々なスペースがレイヤーのように重層し、生活動線の中に変化する質とリズムが生まれます。
そういった空間は、都心部の集合住宅の生活でとても豊かなものになるのではと思い設計しました。

中野の集合住宅

東京都の中野区に設計した4層の集合住宅の計画案です。
この計画の大きな骨格として、まず、建築の容積率を最大限活用するために共用部の面積を最小限とし、
各住戸の専有面積をなるべく広く確保する事を検討しました。建物中央に共用の階段を配置し、各部屋へアプローチします。
計画の特徴としては、共用の階段を配置する際に階段の平面計画を、敷地の対角線に向かって角度をつけ配置しています。
それに合わせて、敷地の対角線ライン上に各住戸の外部テラスを計画しました。
この階段とテラスの特徴的な配置により、階段を上がり踊場で折り返す度に住人のテラスを介し、周辺環境へと視線が抜ける計画になっています。
建物の中央に位置する共用階段は小さく薄暗い空間ですが、折り返す度に四方向の明るい外部に視線が抜けて、
風が穏やかに抜けていく奥行きのある空間となります。

この共用階段のシークエンスのリズムが個々の住戸と都市との緩やかな接続になるのではと思い設計しました。

線

渋谷の集合住宅

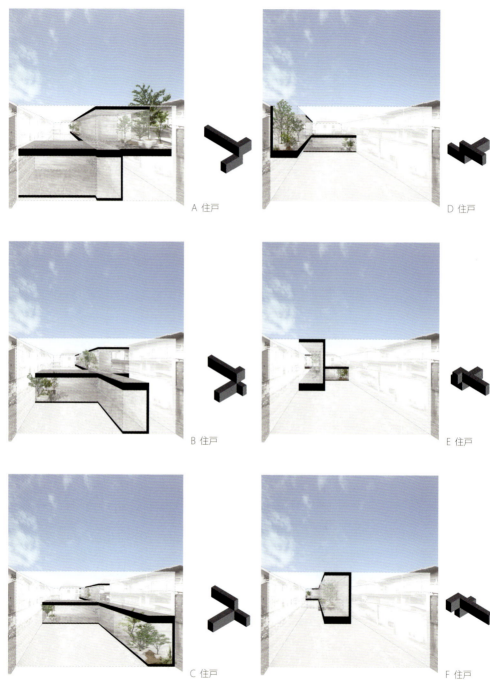

A 住戸

B 住戸

C 住戸

D 住戸

E 住戸

F 住戸

中野の集合住宅

共用階段を折り返す度に東西南北に視線が抜ける

共用階段を折り返す度に東西南北に視線が抜ける

共用階段

共用階段からテラス越しに都市に視線が抜ける

外観パース

共用階段及びテラスモデル

中央に配置された共用階段から延びたテラスが敷地を
対角線に横断する。
対角線に延びたテラスを介し階段を上りながら各方向の
周辺建物の隙間に視線が抜ける。

1、3F 平面

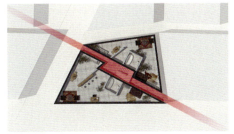
2、4F平面

Yohei Kawashima | 041

under 35 architects｜高池葉子 (たかいけ ようこ)
馬と暮らす曲がり家／海の市場レストラン

馬と暮らす曲がり家

「茶の間」は、立派な小屋組を見上げることができるように、二階の床を外して、吹き抜けの大空間にする。

すぐそばの川で釣ってきたイワナや地元の食材を焼いて食べたりできる「いろりテーブル」。

ベンチの下にロケットストーブとつながる煙道を設け、煙の熱でぽかぽかあたたまる。

つやつやのご飯が炊けるかまど。元々あるものを修復して使う。

薪でわかしたお湯は体の芯まであたたまり、水がとてもやわらかい。

この家に管理人として住み込む家族が使う「奥座敷」。

ゆっくりくつろぐことのできる「広間」。

遠くから来る人たちが民泊できる「表座敷」。

馬のブラッシングをしたり、シャワーをする。

北西〜南東の風の流れ

馬糞を乾燥させる部屋。

乾燥させた馬糞は薪や炭代わりに燃料利用することもでき（臭いも肉食物の糞を比べてきつくない）、さらにその燃えカスは農作物の肥料として再利用が可能である。

馬のお世話をして、感じたことを話し合ったり、勉強したりする。「馬屋」は、馬房だけを残し、広々としたワンルーム空間とし、馬がのびのび過ごすことのできる「馬のサロン」となる。人間も、馬のサロンに来て、一緒に過ごすことができる。

一階平面図 S=1/200

空き家であった、築90年の古民家を改築し、馬と人が共生する文化を蘇らせようというプロジェクト。
馬は癒しの能力を持ち、セラピーに最適な動物。仮設住宅のこどもたちが馬と触れ合うことで、元気になる心と体のケアを行う場とする。
さらに、馬が放出する大量の代謝熱や馬糞を利用して、実験的なエコハウスを実現する。

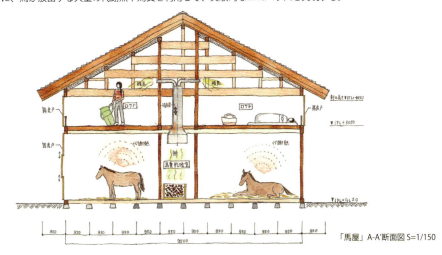

「馬屋」A-A'断面図 S=1/150

馬と一緒につくられる循環システム

海の市場レストラン

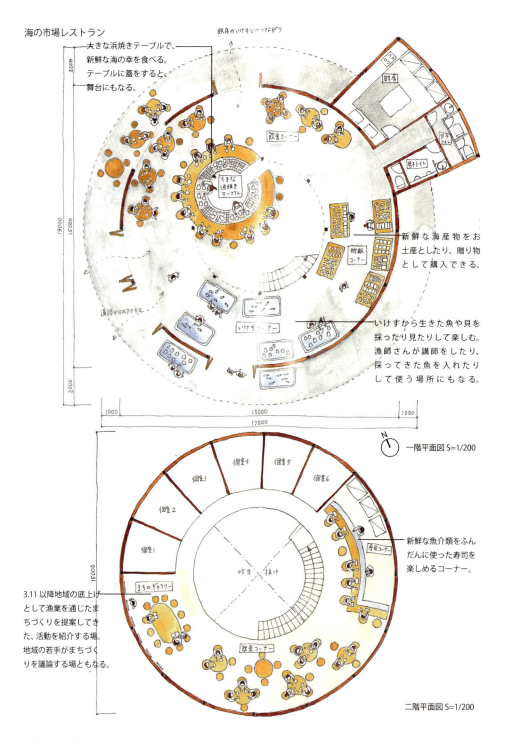

大きな浜焼きテーブルで、新鮮な海の幸を食べる。テーブルに蓋をすると、舞台にもなる。

新鮮な海産物をお土産としたり、贈り物として購入できる。

いけすから生きた魚や貝を採ったり見たりして楽しむ。漁師さんが講師をしたり、採ってきた魚を入れたりして使う場所にもなる。

一階平面図 S=1/200

3.11以降地域の底上げとして漁業を通じたまちづくりを提案してきた、活動を紹介する場。地域の若手がまちづくりを議論する場ともなる。

新鮮な魚介類をふんだんに使った寿司を楽しめるコーナー。

二階平面図 S=1/200

海産物を販売している会社がつくる、漁場や魚市場のようなレストランの計画。
いけすから魚や貝を採ったり、浜焼きをしながら食べたりすることができる。
漁師さんが、来訪者に魚の取り方や見分け方の指導も行う。
海の街に住む人々が、海産物や漁業の成り立ちを知ることで、海の豊かさをより深く感じられる場所になるだろう。

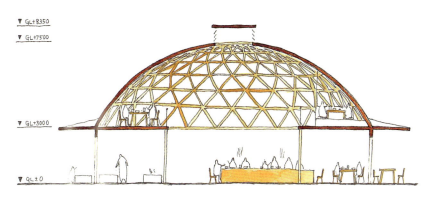

断面図 S=1/200

立面図 S=1/200

under 35 architects｜酒井亮憲 (さかい あきのり)
手がかりの模様

80人のための礼拝堂

それぞれの行為に相応しい椅子の位置を考え、配置の手掛かりとしての床石の種類や質感、或いは模様によって、特定多数の人が集まって使われる空間の在り方を考察した計画。

椅子1脚分の円を散りばめた模様は配置のきっかけになるとともに、特定の行事を演出する効果を生む。

外皮は、階層性を持たせた単純な形態とし、多方向的かつ不確定である日常の行為を包む。

いくつかの行為と椅子の配置

plan 1 : 150

under 35 architects | 小引寛也 + 石川典貴（こびき ひろや + いしかわ のりたか）
石の祈念堂

「石の祈念堂」

「石の祈念堂」は宮城県石巻市の山腹に東日本大震災による死者・行方不明者1万8千人強に対し祈念ができる場所として建造したものである。積層した玄昌石の数が被害者数を表しており、訪れた人々が被害にあわれた方一人一人に対して、そして東日本全域に対して個々に想いをめぐらすことのできる場所として考えた。

また石巻の特産である2種類の石と周囲を映し出す鏡面ステンレスからできた祈念堂自体が、被害の大きかった東北各地の方角と地域を指し示す形状となっており、この場所に立つと自然に甚大な被害のあった方角へ手を合わせ祈ることができるようにしている。

一人一人への、また東日本全域への祈念、そして大震災の事実と記憶を遠い後世に残すという想いを積層した石空間に託している。

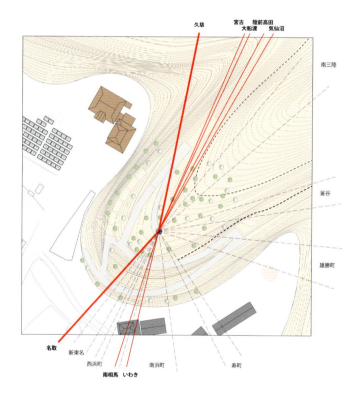

「石の祈念堂」site plan 1/2000

周囲の状況

スレート葺き

稲井石

今回の展示は、建築を構成する中でキーポイントになったマテリアルや周辺状況を表現することで、建築自体の置かれた状況と状態を建築周囲の状況や周囲の現在と共に浮かび上がらせ体感できるようなものとなっている。
連続した 2 つの展示エリアは、建築の進行状況によって生成されたプロセスを展示しているエリア、実際にその場所に立った際に感じることができる空気感の一部を体験する展示エリアとなっている。
震災後に進行していったプロジェクトを、建築を軸としながらも建物自体でなくそこに存在する状況と状態のみを体験することで、そこでは自然な成り立ちであったかの様に存在している建築が、明らかに以前と異なった状況と状態の存在を表していることを気づくことができるのではないであろうか。

「石の祈念堂」process

SUS説明板

近景　　再生スレート葺き　　再生小端積

遠景

Hiroya Kobiki + Noritaka Ishikawa | 065

under 35 architects｜前嶋章太郎（まえしま しょうたろう）
印象派

印象派

私たちが、歩き進むにつれて、近づく景色と、遠ざかる景色があるように。

この景色の連続を、「生活」という言葉と結びつけて考えてみる。
物事に近づいたり、遠ざかったりしながら関わりを持って日常をおくること。
それによって、ふとした小さな気づきや、捉えようもない漠然とした印象が、
どこか得体の知れないところで結びつき繋がっていることに気づく。
建築とは、そんな「小さな気づき」や「印象」を生み出す存在なんだと思う。

100m先のものと、1m先のものは、同じものであっても、印象の違う２つのものである。
そんな「印象の転換」が生み出す「空想の余地」が、建築と人を強く結びつけるフィールドになると思う。

印象の連続、蓄積が形づくる建築をめざして、２つの建築を紹介する。

1、「サイズと間隔」の生み出す「印象」
「O夫妻の家」では、柱の規格サイズとその間隔のちょうど良い案配を追い求める。
　個々人のライフスタイルに応えながらも、変化する生活を許容するための「抽象性」を失わないように
気をつけ、周辺環境との関わり合いの中で、「サイズと間隔」に印象を与えていく。

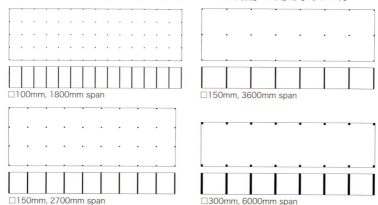

□100mm, 1800mm span　　　　□150mm, 3600mm span

□150mm, 2700mm span　　　　□300mm, 6000mm span

2、「距離感」の生み出す「色彩と質感」
「野菜畑の倉庫」では、遠近の距離感による素材への感じ方の違いにフォーカスし、仕上げを選定する。
　遠目からは、「色彩の印象」として、また近づいた時は、「素材の質感の印象」として伝わっていく。
「印象の転換」に注目し建築へのアプローチを図る。

異なる色と塗り回数のサンプル例

■ O夫妻の家

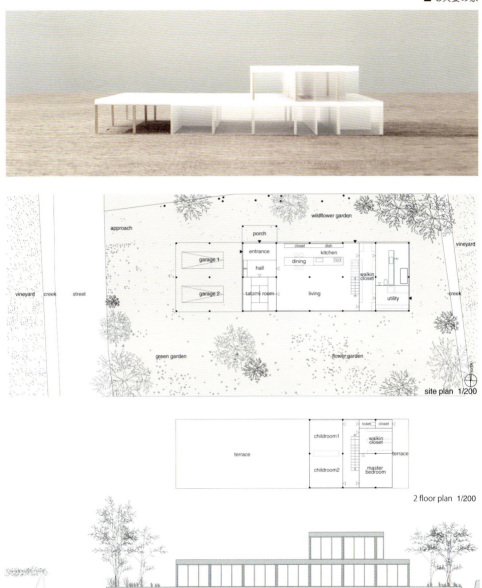

若い夫婦のための家。周囲をぶどう園に囲まれた、緑あふれる土地に計画する住宅である。敷地の周囲からは、庭を介して十分なスペースを確保しながら建物位置と建物ボリュームを計画する。周囲の環境と出来る限りフラットな関係性を築くことをめざす。建物高さを低く抑えながら、夫婦の夢である2階建てを計画し、周囲のぶどう園と呼応するように建ち現れる。

Shotaro Maeshima | 071

■ 野菜畑の倉庫

野菜畑の中で農作業のための納屋であるとともに、人の拠り所となる場をつくるための計画である。

小さな長い納屋は、農作業を支え、大きな庇は、人の拠り所となる場として、作業中の休息場、野菜の下ごしらえ場、さらには家族3世代で集まり、外ご飯を食べる憩いの場として、使いたいように使える「生活の許容力」を備える。

小さな納屋と、それにかかるちょっとだけ大きな庇が、生活を豊かにまわしてくれる潤滑油となる。

道具の住処「倉庫」から始まる、生活の豊かさ。

模型写真（正面）

外観写真

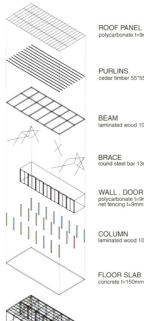

ROOF PANEL
polycarbonate t=9mm

PURLINS
cedar timber 55*55

BEAM
laminated wood 105*105

BRACE
round steel bar 13mm

WALL , DOOR
polycarbonate t=9mm
net fencing t=9mm

COLUMN
laminated wood 105*105

FLOOR SLAB
concrete t=150mm

BUILDING

axometric

車の通り抜けも可能

内部より外を見る

四方見付60mmの建具が整列

引き戸開け放し時

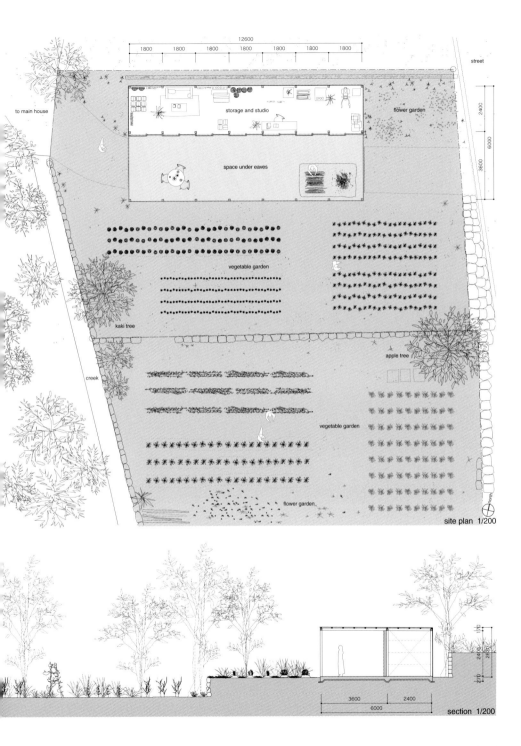

under 35 architects | 竹鼻良文 (たけはな よしふみ)
他分野への息吹 「 無意識 」

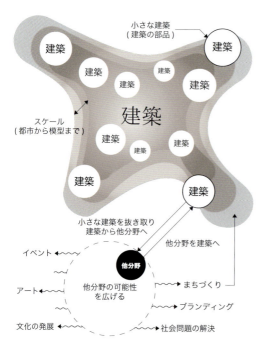

建築は建築以外の分野を多く含んで完成します。私は「Inspire the other fields」をコンセプトに、建築に集まる他分野の建築の部品「小さな建築」の可能性を追求しています。小さな建築を追求することで日々刻々と変わる現代社会において、これからの建築の可能性の一端と建築との関わり方などを模索しています。

そして、私が関わっている他分野にある小さな建築に「Unconscious(無意識)」という共通性を見出しました。

無意識は建築を生成する側(作る側)には存在しにくい感情です。しかし、観測側(使う側)にはとても重要な要素で、いつの間にか文化になっていたことや知らぬ間に大切になっていた場所など無意識は建築を使う人にとってとても重要な意識です。

マイ窯に人力で燃料を入れている焼成の様子

道具を自ら製作する

窯で焼く物を作る

釉薬のデザインは自然の力によって決定する

家と人に残る「生活の情報」を可視化する住宅改修プロジェクト　　福岡県志賀島「海の学校」プロジェクト／海の学校で魚の捌き方を教える地元住民

マイ窯をイベント化し一般の人に広める試み　　大名小学校保存活用プロジェクト(団体名：Keys for key)

【Unconscious な小さな建築の例】

A. 設計図(筋書き)のない小さな建築の可能性
マイ窯は陶器を焼くための窯です。自然環境の影響を受けるため意識的にデザインすることは不可能です。マイ窯で陶器や建築材料のタイルを焼くことで、建築を道具から見直し、自然と建築の関係性や建築意匠の可能性を追求しました。イベント化することで多くの人に建築や陶芸の奥深さを経験してもらいました。

B. 無意識に持っている生活スタイルや文化の価値
いつの間にか生活スタイルになっていることや地域に残る文化、大切になっていた場所など無意識に身体化している「価値」があります。建築やまちづくりを通してその価値をもう一度感じてもらい、その重要性を後世に伝えるためのデザインをしました。無意識の領域にはまだまだ見えない価値が眠っています。

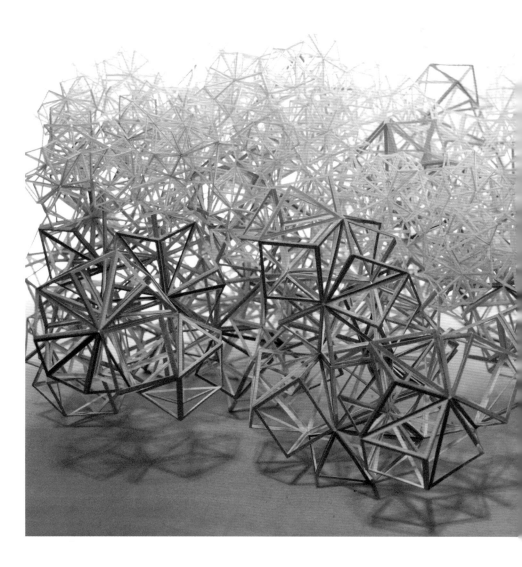

C. アーティスト Takehana Yoshifumi の作品と建築模型製作の技術を活かして、他分野で価値を生み出すことで建築の可能性を広げようと考えました。オリジナル構造ユニットを考案し「意識を操作する」をコンセプトにアートと建築を繋ぎ合わせています。

c-1 作品名：Space structure 空間を構造化するような
  ・横浜アートコンペティション 2015 入選
  ・第 6 回建築コンクール審査員賞 (江尻憲泰賞) 受賞

c-2 作品名：オリナスの樹
  ・Art in the office 2015 CCC AWARDS 入選

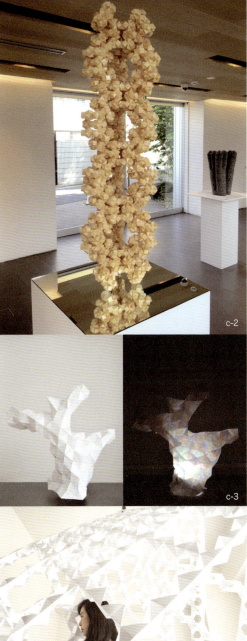

c-3 作品名:床の間を浮遊するもの
　　・古湯温泉 ONCRI 床の間アートコンペ入選

c-4 作品名:茶室「雲の欠片 - フラクタルな場所 -」

interview | meets U-35

インタビュア：倉方俊輔

出展若手建築家：川嶋洋平　小引寛也 + 石川典貴　酒井亮憲　高池葉子　竹鼻良文　前嶋章太郎　松本光索

倉方俊輔

倉方：少し前に「デジタルネイティブ」という言葉が流行って、物心ついた頃からインターネットや電子端末が普及していた世代はどう変わるんだろうということが議論されたわけですが、今日、皆さんのお話をお聞きして、それを思い出しました。それぞれの個性を超えて、IT化された社会の中で建築に何が可能かという意識が、すっかり内面化された世代に感じられたわけです。

さまざまな情報が一瞬にして流れていく世の中では、建築が頼まれた瞬間から最後までを一連のプロジェクトとして捉え、その中の各フェーズにおいて何が建築から社会への働きかけになるかを考えなくてはならない。それらを含めて活動することが前提になっていると。

確かに建築というものは本来そうであって、頼まれた瞬間から効果を発揮してきたと言えます。被災地などでも、建築家が入ってきたということだけでも物事が好転する力になることがある。良い設計図面を描くというだけではなく、前も後も含めてもっと長いスパン、それがどういうふうに人に伝わったり宣伝されたり、いかにメディアで流れることが人を勇気づけるかといったことも含め、その効果も折り込んで活動するという性格は、みなさんに共通しているように思います。

そうした時代になると、考えられる少し面白い効果として、「建築展」と「建築」そのものが限りなく接近してくるということがあります。建築から生まれる、あるいは、建築に向かう何かが社会に働きかけることも建築に可能なこととして十分に取り組むべきだと捉えれば、「建築展」を構成し、情報を拡散することも、建築の単なる背景やそこからの二次創作物と言い切れなくなります。その点に関しても、みなさんは無意識的に、意識的なのではないでしょうか。

松本：例えば今回の展覧会と、その見せるプロジェクトでいうと、自分でやったということが一番大切だと思うんです。それはスイスに住んだ経験とつながってて、やらないと伝わらなかったりとか、言葉だけじゃなくて模型を作ったりとかもそうだと思うんですけど、自分の感覚を信じれるかということを

松本光索

高池葉子

トレーニングしてたような気がするんです。それで、例えば実際に建物を建てたときに、自分の身体で施工した時に、その瞬間瞬間の判断があったりとか、決めた時にその経験がフラッシュバックされるというか。このときはこれで大丈夫だったから、この感覚はたぶん大丈夫だっていう、より身体的というか、もっと奥に入ってしまったぐらいのものをプロジェクトを通して感じて、そこが自分の中で興味深いなと。

倉方：松本さんのものが、そういう性格が最も純粋に凝縮されているように思うんですよね。言語化できないものを、実際に作ることによって示すという点で、「建築展」≒「建築」になっている。展覧会場という名の現場である。ただ、もしそれだけだとすると、逆に中途半端な美術のインスタレーション作品のようで、面白くないかもしれない。

高池：影響の話ですけど、それはたぶん自分でも気づかないところで、それはどっぷり影響を受けているなとは思うんですけれど。これからの展覧会で、作家性とかそういうことをどう考えていくか、もちろん、なんか空間的に新しいものだったり、驚きだったり発見だったりもつくれたらと思うんですけれども、一方で、建築家としての表現みたいなことには抵抗感があって、そっちを全面に出すようにはなりたくないと思っています。

倉方：確かに「作家性」とは、形としての表現だけを言うものではないですよね。この人が関わると、こんなプロジェクトの組み方になるのだとか。あと、作家性というか、有名性自体が、建築に可能なことを左右する点も重要でしょう。良かれ悪しかれ、社会には有名性というのが存在していて、その後のプロジェクトの動き方も変わる。これは誰々の作品ですよという名前がつくと、みんながその名前のもとで何か参加できたらと思うかもしれない。ですから、作家性、有名性は上手く使えれば、民主的に機能するもの。それをどう使っていくかという意識は、無意識的にみなさんも持っているのではないでしょうか。現時点では無意識で構わないのですが、あるところでそれを意識化しないと、それ以上にならない。あえて形態という作家性を付けるか、有名性で関わりを増やすか、あるいは無名というのはどこでも飛び込んでいける点では有利なのでそれをキープするかなど、大事なのは「作家性」の否定ではなくて、それとの付き合い方でしょう。

小引：僕はたぶんどちらかというとどこにも突っ込んでいけない。突っ込んでいって、最初は理想を出すんですけど、そうすると向こうもどんどん出てきて、変わってきて、その中でいじったり操作したり。逆に言うとそういうとこにしかできないというか。ドーンといっても否定されやすいから、近いところから騙し騙し変えていくという手法をとっているというのは確かです。やっぱり無名なんで。逆に無名なのを利用して、頼みやすいとか。僕らはパンのパッケージとかよく分からない仕事良くきてるんですけど、それ取っ掛かりに突き進もうと、そういうのは確かにあるんですね。

倉方：小引さんと石川さんの「石の祈念堂」は、無名だからできたんでしょう。とにかくその地に行って、その場にある素材や風景や人力を拾って編成していくことで、様々なものに絡みながら特異点になるものを作っている。一方で事務所名を「小石川土木」とも銘打っているのは、うまいよね。作家としての無名性を、あるベクトルを持つ匿名性に転化しています。おっ、と思わせたところから、プロジェクトはスタートしている（笑）。

　無名だから色んなものに飛び込んで、編成する自由があるけど、有名になっちゃうとそれがだんだん減ってしまう。一流の建築家は、それを超えていく柔軟を意識的に保っていますよね。行ってみて、やってみて、発見した要素を取り込んでいくという。

前嶋：作家性って言葉は今敬遠されている。でも建築って、誰がつくったかって想像がついちゃうくらいの作家性ってみんな持たれてると思ったんですよ。小川晋一さんのとこにいると、どうしても作家性っていう言葉が付きまとってきて、それは形態であったり雰囲気だったり。形じゃないけど素材であったり、その行為であったり、ある程度自分のシンボルとなるような作家性みたいなものが出てきたらいいなと思ってたんですが、そういう素直な姿勢がそういう作家性をつくっていくというのが今結びつきました。

川嶋洋平

前嶋章太郎

倉方：前嶋さんは、建築行為というものが全体を通じて人に訴える力があるということを分かってるし、信じていますよね。お施主さんは、相手がいわゆる建築家でも工務店でも、依頼した瞬間から不安とともにワクワクしている。それはプレゼンの模型を見た時にも、躯体が立ち上がった時もそう。

　　川嶋さんは、インスタレーションでも建物でも、都市とベッタリと全面的にくっついているのが個性的ですよね。雪にダイブするような感じで、都市の中にダイブしたら、どうなるんだろうっていう。

川嶋：作家性については特に考えたことなかったんですけど、都市にベッタリと密着するという、それはその都度自分がどういうのが魅力的かなっていうを考えてインスタレーションであったり建築であったりに落とし込むわけですけれども、自然とそういう方向性がどの表現媒体でも出てきてたんだなと思っていました。アートを勉強してたりしてたんですけど、その時に、これが、こういう方向性が正しいであったり、こういう方向性がいいんじゃないかというのを提示するよりも、きっかけを与えるような作品に興味があったんですね。それで、そうやっていろいろ空間を見ていったら、都市というのは未知の部分があったり、何かしらの価値が全部測れないんじゃないかと思っているので、それをまず全部に開いてみよう、全部にベッタリと密着してみようと。そこからそれを使う人であったりそれをみた人だったりが距離を測ればいいんじゃないかって言うのが、物質的な距離だけじゃなくて、他者との距離というか都市との距離というのを、そういう考え方に魅力を、今自分が興味あるんだなって思っています。

倉方：絶対に理解できない他者としての都市に対して、接触のチャンスを増やしていくという作家性ですね。

川嶋：そうですね。自分自身は何も価値を評価できないと思っていて、単純に南の窓が気持ちいいとか僕はあんまりよく分からなくて、北もなんかいいなと思ったり西日もいいなと思ったり。そう思ったら、自分は密着させるだけで後はその人達が選択していく、その気付きを与えるような、意識を発起させるようなものであればいいかなと思っています。

倉方：昔は建築家が善悪を決めるもので、それが役割でした。モダニズム以降でいうと、1960年代までが機能の善悪で、その後は空間の良さの善悪、それからは社会的善悪かな。デジタルネイティヴだと、検索すればある意見も出てくるし、反対の見解も出てくる。1人の人間が善悪などを変えられない。ただ、アプリやGoogle検索などを開発することはできて、それによって、出会わなかったもの同士が出会って、選択がよりその人らしくなったりはする。同様のことの、リアルな空間でしかできないこと版を行うのが建築だという考え方もありますね。

竹鼻：僕は建築の可能性をもっと広げたい。建築にぐっと集めるものを、広げていく、それが、なんかこれからの学生とか、建築を学ぶ人たちに見せてあげたいなっていう気持ちはすごい強いですね。なので、もっともっとなんか当たり前に、建築に当たり前にある、模型を細かく作れるよね、見たいな。それってみんな作れる、当たり前に見えていますけど、一般の人からしたら、現代アートの人から見ると、驚きのことがあるので、そういったものに目を向ければ、可能性みたいなものが見えてくるんじゃないかと、個人的には思っています。

酒井：さっき言われたことで、すごく印象的だったのが、今日、初めて会ったのに、こんなコピーって失礼じゃないかなって言われたじゃないですか。別にそんなことないなって思ったんです。僕らが機会を得るためにチャンスを作るって言いましたけど、最初の印象をすごく大事にしていて、今日初めて会う人に対して、自分はこう言う風に考えていますよっていうのを話すわけですよね。そこから読み取った一面って言われるのは、自分でも新たな発見なのかもしれないし、こちらからこういう風に見てくださいっていうような、普段初めて人に会う時、一番大事にしているところかなって思うと、それによって、依頼してくれる人は、大きなお金を使うわけですから、良いことも悪いこともあっても1回止めるんです。それをズバッと最初に、こう言うふうに思ったって聞ける機会っていうのは、すごく面白いなって思っていました。

竹鼻：先ほどのAIの話が作家性と繋がると思うんですけど、人間の行動ってパターン化できると思っているんですね。ス

酒井亮憲

竹鼻良文

小引寛也

石川典貴

ウェーデンの設計事務所だったと思うんですけど、人工知能の設計を始めたっていうのが美術手帖に載っていて、パターン化しまった時に、そのスウェーデンの事務所が言っているのは、それだけじゃダメで、そこに感性みたいなものを入れないと、やっぱり良くないんじゃないかと言っていて、それこそが、作家性だと。そういう時代って突然来ると思うんですよ。最近はだんだんリアリティをもってきていて、携帯電話もそうだし、iPhone も突然出てきて全然生活サイクルが変わったじゃないですか。それをどう考えて、どう対応しようと考えていらっしゃるのかを聞いてみたかったです。

小引：僕らなんかは、設計している途中にこれが最適だなっていう気でやっているわけではないのも結構あるんです。例えば、石の祈念堂でも、２万枚ぐらい石を積んだんですけど、明らかに無駄なんですよね、すごく非効率で。AI がどのくらい発達するのかによるのかもしれないけど、不確定な部分とか、不合理な部分とか、感性っていうのかもしれないけど、適当なところとか、ノリだったり。そういう場の空気とかでやっちゃうこともあれば、逆に公共性とか、これをどうやって周りに見られているのかとか、結構気にして設計しているんです。AI での設計って近く現実になる可能性がある気がしますけど、まあ同じにはなかなかならないんじゃないかなって感覚はあるんです。

石川：イレギュラーって言う話になると、僕って建築を志すきっかけが、宇都宮にある大谷資料館なんです。大谷市の採掘場跡地なんですけど、それって別に設計しようと思ってそうなったんじゃなくて、石を掘る為に、例えば 10m 角の柱を残さないと山崩れを起こしたり、やっている上で、イレギュラーに硬いところがあって、ちょっとずれてたり、そういうところが非常に魅力的で。僕たちはその辺を柔軟に対応して、合理的にいくとそうならないことも、そうした方が良いっていうような感性を付け加えたりしているので、そのあたりが AI にはできないところなのかなって今の段階では思っています。

竹鼻：人工知能で設計するということが一般化してしまった時って、その空間に対して何か作家性のあるもの、さっきの有名性とかにもつながってくると思いますけど、そういったものが建築の可能性に僕はな

っていくんじゃないかと思っていて、無駄っていうことも、今だから言えるんじゃないかなと思って。人工知能にできないことって何だろう？っていうことは常に頭にあるかなって思いますね。

前嶋：僕は AI に詳しくないですけど、そこまで恐怖感ってなくて、AI が建築設計していく過程で、初めから終わりまで全部対応していったりとか、コミュニケーションを取っていったりとかしながらつくっていく。けど現場って、ビス 1 本違うとか、予期せぬトラブルってあるじゃないですか。どうしようもないことから始まって、そういうものの積み重ねでできてくる建築って、それなりの力があって、ということを考えると、やっぱり僕らの経験とか、見てきたもの聞いてきたものって強いのかなと思ったりして。

倉方：建築は設計だけ分離できないんじゃないかなっていうことですね。

松本：そこに何が見えて何がないかということは、自分で判断しないといけないし、それはおそらく対 AI か対人間とでは情報量が全然違う。それは人間にしかできないことなんじゃないかな。それが、人間がつくる意味になるし、いる意味になるという気がします。

高池：今のお話を聞いていてゲーリー展を思い出したんですけど、あれこそすごい家のテクノロジーを駆使してつくってるように見えて、展覧会ってゲーリーのぐしゃぐしゃっとした造形が凄い印象的で、それが象徴的な感じがしたんですよ。ゲーリーの空間もやっぱり身体的なものだと私は凄く感じました。そういう意味ではたぶん建築家の数は圧倒的に少なくて済む、今もなってるし今後も増々なってくると思うんですけど、でも身体感覚っていうのはこれからも先も AI と違って大事な要素として、人間にしか判断できないものとして残っていくんじゃないかなって。それはクライアントもそうなんじゃないのかなと思いました。

倉方：これからの個人というものの存在はどういう風に社会に役に立つことができるか、固有名や有名性を持つというのはどういう風に社会性に繋がるかということをいろんなルートで考えないと、建築家の職能が段々と衰退しかねません。建築家というものの幅の広さを一般の方々が感じ取れるような展覧会になればと期待します。

展覧会会場にて

essay | AAF

大学院生からみた "U-35" 2016

　戦後半世紀の日本の建築界を一言で言い切る方法のひとつとして、建築に取り組む従事者であれば誰もが知る体系化された表現がある。計画・法規、構造、そして設備である。現在も建築士という国家資格試験の科目にも設けられている課題であるが、これを前提にして、建設のクオリティの高さを競った「技術の時代」、美しさや表層表現を追及した「意匠の時代」、高効率なエネルギーの使い方を建築において実現しようとした「環境の時代」など、社会との歩みと共にある建築は、これまでも様々な時代が存在した。現在、私たち学生の世代が直面した社会的に大きな建築の話題は、生まれてすぐに起った阪神・淡路大地震、そして 2011 年、世界的にも衝撃をもたらした東日本大地震による大津波、そして今年も起ってしまった熊本大地震である。特に今年、被害の大きかった熊本にとどまらず、日本全体に大きな影響をもたらす。当然、私たち建築を学ぶ学生にとっても、この展覧会に出展をされる若手建築家においても、建築を志す者は少なからず影響を受けることが前提である。

　その上で、今回の U-35 の出展作を見たり、出展者の話しを聴いていると、今の時代は「建築家とはなにか」、「建築家の職能とはなにか」という根源的なところを今一度問い直し、その答えを誰もが探している時代であると共に、突破口となる新たな解釈を生み出そうとしているように感じた。出展者たちは、それぞれが自らの価値を探りながら建築と関わることで、その意思を示そうとしているように感じられた。ただ、それは細くて狭い建築という分野だけに固執するということではなく、これまでの技術者としての設計領域を柔軟に捉え、人を巻き込み、人との関係の中から生まれる建築という次元で、新たな様相を提示しようとしている。

川嶋洋平

　今回、川嶋が展示される 3 作品はどれも、その場に居てただ快適であるがための空間ではない。その空間を体験し続ける状況に、地域からの影響を受けるのだ。それは自然という光の影響や風の存在、周辺環境からのノイズのような音など、ただ快適に暮らしているだけでは通り過ぎてしまう日常へ意識を向けるものである。外部との関係性を構築する手法のどれもが、ダイナミックで全体的な連続性を生みだそうとしていて、この開かれた空間の存在から、実際に過ごす人の意識が変わっている。建築を学び始めたばかりの私のような学生は、要求された機能や用途を面積内におさめることだけに手一杯だが、川嶋のように、もっと人々の生活を豊かにしたり、意識を変えたりできるような提案をする試みに挑戦するべきだと痛感させられた。

小引寛也・石川典貴

　「建築の価値は建築単体で決定されるものではなく、周辺の環境にどのような影響を与え、受けるのかが重要である。」小引・石川の作品には、一種特有のスケールの扱われ方が存在する。出展される「南阿佐ヶ谷の家」でもその様子が伺えるのだが、最も感じ取れるのは「石の祈念堂」である。この建築は中に入って体験する場でこそないが故に、祈りの場に及ぶまでのアプローチ空間の存在に体験を集中しているようにも感じさせながら、山里全体まで広がっているようにも感じとれる不思議な場面が存在する。つまり祈念者の心が、そのスケールを決めているような空間となっているようだった。里の風景と、里の被災した材料、里の桜と人々の思いが呼応しあい、それぞれの祈りの空間を実現するために、パラレルなスケールで空間が示されている。

酒井亮憲

　柔軟な思考性をもつのだろう。高角度かつ多元的な視点でスタディを繰り返しながら、曖昧さが許容する領域をバランスよく保つ。空間の可能性を探り、あらたな豊かさを追求した空間をつくりあげようとしているのが酒井である。自分の意思を消しながら、予測し予定できないような状態をポエティカルに生み出そうとしているのだ。人が本来、求めている豊かさの先には、編集のような作業の先に現れてくるような場所の記憶を再構築し、懐かしくも感じとれるような建築が、本来の新しさなのかもしれないと気づかされた。

高池葉子

　高池の作品には、優しさが溢れている。「馬と暮らす曲がり屋」では、動物と人が暮らしを共にすることに着想し、人側だけの利点で効率を求めるのではなく、馬という動物と過ごす日常の中から、畑や裏山など周辺の自然からの恩恵を授かり還すという循環の仕組みを探った計画である。この高度な循環を設計者である高池がつくりだす過程は、かわいらしいスケッチからは想像もできないような、膨大な調査と観察が必要だろう。ひとつの物事に対して、とことん向き合うことの大切さを学ばされる。また、展覧会会期中となるわずか17日間の展示で、使い捨てにしないようにと、足場板でつくられる展示台から模型に至るまで一貫した物質の存在の意味を問う。高池は、ふわふわとした優しいだけではなく、冷静にその根拠や行為の裏付けをもった上での「優しさ」を表現しているように感じた。

竹鼻良文

　生物学からヒントを得た建築、機械工学に影響された建築など、建築には他分野の原理を取り入れた構築方法が多く存在する。しかし構築の手法を建築家自らが他分野で実験し、可能性を探り広げていくような試みは極めて異質だ。竹鼻はこれを「荒野に凄む山を高くするよりも、草原に向かい裾野を広げていくような思想」と表現するのだが、この試みはきっと、建築のつくり方や使われ方を面白くするし、あらたな価値を生み出す大きな可能性のもつはずである。総合大学で学ぶ私たち学生は、竹鼻のような新たな試みを知ることで、もっと他学部との交流に目を向けるべきだし、評価軸を知り、その時代に伴う価値を学んだ上で、既知感のある存在に安心しない取り組みに、挑戦する勇気を与えてもらえた。

前嶋章太郎

　設計する過程や建築をつくる工程、建築が使われ存在し続ける一連のプロセス全てが、建築家の仕事なのか。建築家という職能をあらためて私たち学生にも、わかりやすく伝えてくれているのが前嶋である。設計者所以の姿勢を凛と保ちながらも、マテリアルに特化した小さくて細やかな示し方をもつ作品と、大きな都市像のスケールまでも提案を考え、巨匠と呼ばれた建築家たちが存在した時代の活動領域を保つ取り組みを意識的に続ける。シンプライズを主張する現代の先の時代に複雑な思考だけが可能とする実現性への提言に高揚し士気が高まった。

松本光索

　建築家の多くは設計過程において、スケール・モデルをつくりながら空間の検討を繰り返し、その建築が存在した場合の周辺への広がりや影響、発見を含んだあらたな使われ方を促す方法を探る。だんだん大きなスケールで検討はするものの、原寸での検討まではおこなえないものだ。この取り組み辛い原寸での検討を、松本は大切にしている。3ヶ月間を有する泊まり込みで建築を現場で考えながらつくっていくのだ。ここでは 1:1 の原寸の空間を、ただ成果物をつくるだけの工事現場として捉えるのではなく、場所のつくられ方の歴史を辿りながら建築のスタディの場として利用する。このプロセスは太古の人類が自分たちの家をつくるような原初的なつくり方に似ているのかもしれないし、現代では新しいようで、実は前からあることの良さや可能性を活かした応用を実験していく可能性に大きなヒントがあるように思う。これらの試みは、効率的に取り組もうとする現代において、あらたな視点を発見させ、あたらしさを生みだしそうな予感がする。

おわりに

　本展は毎年、様々な若手建築家が批評性を求め、建築家への登竜門のように自らの作品を展示する。当然、開催する年ごとに様々な特徴が表れるのだが、今年の出展者は比較的、具体的な建築を多く建てた作品、「実作」を引っ提げて挑んでいる。実際につくっていることから、辛くても楽しそうに設計に取り組んでいることが印象的だった。しかし決して楽観的ではない。時代の流れを真摯に受け止めながら建築をつくり、その建物にそれぞれの想いや工夫、自身に込められや活き活きとした提案となっていた。建築という既知の行為に新たな可能性を 1 人 1 人が探り、迷いながらも実行しているようだった。人々がそこにある価値や視点に気づくきっかけをつくるという原初的なところで共通しながらも、それぞれの広げ方が個性的で発展的であったがゆえに、次の時代を担う光のようなものを垣間見ることができる展覧会になるだろう。少なくとも確実に、次の建築の時代を担っていく建築家たちであろうという熱い確信に近いものが私には見えた。この出展者のさらに次の世代を担う私たちに出来ることはなんだろうか。社会や環境にとっての建築はどうあるべきか、そして社会の何かが建築によって少しでもよくなるのだろうか。建築とは、建築家の職能とは。今年の出展者と出会い、彼らの作品に触れ、自身の思考の次元を超えていくきっかけを与えてもらえたようである。

藤本雅広（大阪大学大学院　修士 1 年）

essay | AAF

座談会を聞いた今年の "U-35"

　近年、建築家としての職能領域は、少しずつ広がりを見せはじめている。計画地（敷地）に対する形態やヴォリュームの検討を模型で行い、設計や製図（図面）を書く業務はこれまで通り当たり前だが、この専門性の高い知識を広く一般化する試みがはじめれているのだ。ひとつは地域に住む人や利用者と共に幾度もワークショップを開催し、話しながらつくりあげる方法。そして国立競技場で話題となり取り組みがはじめられた、デザイン・ビルドという方法である。建築家は設計の専門者であり、建築という工学・芸術分野の培われた技術を駆使し、建物を建てることを主に求められるため、当然、自分と向き合いデザインをする時間も大切なのだが、自己決定したままの状態で建築を描き上げてしまう時代から、つくり手や使い手、建物を維持・管理する方法などを担う他者と共に、人の利用を促す空間の使い方や地域や環境への配慮を探り、建築という機能や用途を備えた空間で、それらの結果を表現した「建築」を求められる時代に移っている。この出展者たちも、街や地域のキュレーターを超えファシリテーターとしての役割が期待される世代である。

　これを前提に今年の出展者たちの話しを聞いていると、一見、設計とはかけ離れている分野にも、それぞれの出展者が持つ建築のフィルターを通じて、様々な活動に取り組んでいた。家具をデザインし、アートとして表現し、地域の整備計画の一部を担う。しかしその核心にはどんな思想があるのだろうか。ここでは、各出展者がもつ「建築への思想」を探っていきたい。

酒井亮憲

　建築は壁や床、屋根によって内側と外側の領域を区切るのだが、自然光によって内側と外側を繋ぐことができるのだということを、酒井の作品から感じることができる。「光はただ、ものを照らすだけの存在ではない。」自然光は、内部空間に心地よさや快適さを与えてくれることを示した上で、そのプロセスを外部からどう繋ぎ、一本の線ではなく墨で滲むような曖昧な領域に活かすことができるかによって、建築が存在する場所性と用途を同時に表現しようとしている。つまり周辺の環境を取り込みながら建築は溶け込み、様々な利用の形式にあわせた空間の存在のあり方を探っているように感じた。

川嶋洋平

　建築がつくられることによって、隣接する建築や道路との間に、新しい空間が生まれる。その両者の関係性はある程度、新たにつくられる建築によって定義される。川嶋の提案する建築は、この関係を明確に提示するのではなく、利用者自身に選択できる余地を持たせている。設計者としての価値観が必ずしも利用者やその環境にあうとは限らない。だから、一方的に押し付けてしまうのではなく、利用者に選択させる「余地」を残すことで、より自然にその場に馴染んだ建築となっていくのだろう。私たちが学部時代に取り組んだ設計課題では、「とりあえず都市に開いておけばいい」とか、「近隣に動線が繋がっていれば良い」という考えに陥っていたが、そうではなくて人の居場所としての「多様性」を提案することが、設計に求められていることだと川嶋の提案から気づかされる。

前嶋章太郎

　私たちはしばしば「壁はただ空間を仕切るためのもの」、「窓は採光のためのもの」とだけ捉えがちだ。もし、それらの機能を満たすだけの壁や窓としても、やっぱり一つ一つ、職人の手によってつくられ設置されている。何気ない部材の一つにも実はそれなりの制作ストーリーがあり、それらが組み合わさって建築は構成されているのだ。前嶋は設計者として、それらの制作過程を知っている立場だからこそ、建築を構成するモノに対して深い想い入れをもつ。だから、ひとつひとつの部位のストーリーや構成に焦点をあてた建築を存在させることで、周囲の環境や人の心に与える力に変えようと信じている。建築への想いの強さを感じた。

小引寛也 + 石川典貴

　小引・石川の建築の手法は、場所の特徴を構成する要素を集め、それらを新たに再編成し直すというものだ。それは単に、新しい要素を組み込んでいくよりも、上手く場所に馴染みながら変化を生み、新しさをもった場所の記憶を蘇らせるような方法だ。建築を設計するということは、そこに新しい空間をつくることを求められていると同時に、その土地に上手くなじむことが求められる。一見相対する二つのことを上手く解決する方法として、彼らの手法はとても合理的である。これらの手法は、あくまでもその土地では第3者である設計者という立場であるからこそ、可能なことなのだから。

高池葉子

　建築は、人の生涯よりも長い時間そこに建っていることも少なくはない。そして時代の変化によってその建築の用途は変容していくものだ。だから時代の変化に合わせて建物自体も変容できることも求められるのだろう。建築とは、建物が完成した時が、その建築の完成系ではなくて、そこから時間の経過とともに変化していくもので、それらをひっくるめた歴史そのものが建築なのかもしれない。高池の建築は、これらの歴史を再設計しようとし、現代の暮らしに寄り添いながらも、「新たな建築の使い方」を提案している。

竹鼻良文

　コンクリートや鉄、木やレンガ…など、建築は様々な素材の集合からつくられている。そして、その建築をつくることに関わる人たちも、材料が増えれば増えるほど工種も増える。完成後も利用する人たちや、管理をする人たちなど、たくさんのネットワークで建築の存在は持続される。実は、ひとつの建築を通して、多様な人が繋がっているのだ。竹鼻はこのひとつの建築のライフサイクルを通じて、素材という物質のストーリーから突き詰めていき、建築を構成し取得する経験を空間で表現しようとしている。本来、関わることがなかったかもしれない人同士が建築をつくる行為で関わるきっかけを生む。その力が建築にはあるのだと改めて感じられた。

松本光索

　松本は、独自のスケール感覚から空間を捉え、設計している。そしてその空間は、その外側にも影響を与えるし、内側からも影響を受ける。空間と空間の間を完全に区切ってしまうのではなく、互いの影響を

残すことで、より空間と身体とが一体となるような建築をつくり上げようとしている。本来設計者は実際よりも縮小したスケールで図面全体を眺める。しかし実際に建築を使う人たちは図面のように全体を一時で体感することはない。設計者は全体を見ることももちろん大切だが、実際にできあがる原寸の人のスケールで空間を捉え、設計していくことはとても大切なのである。

あとがき

　各出展者の「建築への思想」を探っていくにあたり、改めて「建築とは何か」ということを深く考えさせられた。建築をつくるということは、建築を境目にして、内側と外側に新しい空間をつくりだすということである。両者の関係性は、はじめから固定されてしまうものではなく、利用者や、持続する時間の経過による文明からの影響で変化し、そしてそれに合わせて建築も変化していくものだ。つまり建築とは、気候や環境という自然に影響をされるような「生き物」みたいな存在で、その生き物のような存在でもある建築を生み出すのが設計者であることを知った。

　今年の出展者たちは、この生物の細胞に値するような、部分からつくり上げていったり、建築そのものの存在を生み出す力を利用したり、時間軸から建築を見ることで多様性に富んだ様々な角度から建築を捉え、設計をしていた。現時点では僅かな差異が、将来、彼等の代表的な作風として現れてくるのかもしれない。

菅谷香世（アートアンドアーキテクトフェスタ）

in addition｜廣野研一

建築デザインは誰のものか

　建築デザインは「抽象を具象に」、「わかりにくいものをわかりやすく」、「インビジブルをビジブルに」という特性を持っている。言葉は曖昧で、許容範囲が広く、いろいろな意味でリスクヘッジできるが、建築デザインはあくまでストレートである。

　竣工した建築物については、誰でも、使いやすい、使いにくいということについては、はっきりとわかる。しかし建築デザインに対しての評価は難しい。

　そこでポイントとなるのが「誰のためのものなのか」ということである。

　大部分はクライアントのためのデザインなのだろうが、新国立競技場の騒動のように高名な建築家でも公共財に関しては、自分の思い通りにデザインできないケースもある。

　ここで、これに関連するエピソードを紹介したい。

　私がまだ20代であった平成元年から平成23年まで、大手町、丸の内、有楽町地区（以下大丸有）の再開発に携わってきた。本再開発は昭和63年1月にその構想を発表したところからスタートした。バブル期真只中である。昭和60年のプラザ合意後、都心に旺盛なオフィス需要が集中したが、当時、丸の内はほぼ容積を使い切っており、何年分ものテナントが入居待ち状態であった。東京一極集中問題は社会問題となり、本再開発は都心に受け皿を整備して業務機能の外延化を抑制するという計画であった。

　昭和63年7月に地権者で構成する「大手町・丸の内・有楽町地区再開発計画推協議会」（以下協議会）が設立された。その後、平成8年に協議会に加え東京都、千代田区、JR東日本で官民連携・協議の場である「街づくり懇談会」が組成され、平成10年に大丸有初の「ゆるやかなガイドライン」が策定された。(H12にガイドライン策定)

　ゆるやかなガイドラインは文言を中心に策定されたが、当時、策定していく上で一番難航したのが"スカイラインの基本的な考え方"であった。

　地権者である企業としては日本で最も地価の高い場所で所有不動産の資産価値の最大化を求める。そのため容積緩和は歓迎するが、形態規制の動きには慎重になり、警戒する。

大丸有では高さ百尺（約 31m）の高さ規制をしていた市街地建築物法から容積率制に転換される昭和 40 年代前半に社会全体を巻き込んだ「美観論争」が起き、高さ 100 メートルという不文律が出来た。この不文律を発展的に解消したのが前述のゆるやかなガイドラインの"スカイラインの基本的な考え方"である。

　そこでは「地区全体に統一感のあるスカイラインを誘導し、既に本地区において定着しつつある概ね 100m 程度の建物高さを尊重しつつ、概ね 150m 程度、各拠点においては概ね 200m 程度までを可能とする」とした。

　冒頭既述したように、スカイラインは大丸有の景観デザインであり、これまでの不文律、即ち目に見えないものを目に見える形にした訳である。当然のことながらまずは地権者内でも自己財産の侵害となるのかならないのか論争が沸き起こった。しかしこれは"規制緩和された容積率を 100m の高さでも確保できる"ということで収まった。その次に出てきたのは、"大丸有は日本の中心で象徴的なエリアなので、その景観は公共のものであり、地権者と行政だけでデザインを決めるのはおかしい"というものであった。

　まさに冒頭の「誰のためのものか」という議論である。私は当時の協議会事務局長と一緒に、地権者、国、都、区、学識など関係者を廻り、協議を重ね、市民のパブリックコメントも求めた。事態を収斂させるのに数年かかり平成 12 年にやっと「ガイドライン」が策定できた。デザイン指針は一日にしてならずある。

　現在、大丸有には新しいスカイラインが誕生し、週末の丸の内仲通りには現在の丸ビルができる以前の約3倍もの人々が笑顔で往来している。僕の大好きな情景である。少なくともグッドデザイン賞を頂いた、この仲通りのデザインは来街者に評価されているようだ。

三菱地所株式会社　関西支店　副支店長
兼　一般社団法人グランフロント大阪TMO　事務局長
廣野研一

in addition｜野村卓也

人生のターニングポイント

　35歳。僕にとっては人生のターニングポイントの歳だ。

　それまで勤めていた広告代理店を退職し、大学3年生の時に友人ら5人で作ったプランニングルームが基になった企画会社に社長として入った、というか戻ったからだ。設立時は単なる学生の集まりで、後輩のおばあちゃんが一人住まいする民家の一部屋を事務所替わりに、イベントの企画・制作や雑誌の編集やゲーム機のクイズ作成など、一応考えることをベースにした仕事をしていた。若さゆえ考えるとんでもないアイデアや、プロでは出さない企画のおかげで仕事は結構あった。就職を考える4年になってそのままプロとして会社を続ける、という選択肢もなくはなかったが、事務所は友人と後輩に任せることにしてとりあえず就職への道を選択した。当時はオイルショック後の超氷河期。それでも何とか広告代理店に入社できたのは運がよかったとしかいいようがない。

　本当はもっと早く辞めるつもりだった。まあ、5年ぐらい働いたら色んなことがわかるし、人脈もできるだろう、その時点で退職しようと考えていた。でも5年はあっという間だ。会社の仕事も面白く、居心地も悪くなかった。気がつけば13年近くがたっていた。これ以上いるときっとそのまま居続ける、辞めるタイミングを失う、退職し自立するなら今しかないな、と決断したのが35歳の直前だった。という理由で僕にとっては35歳という年齢は大きな意味を持つ。これより早くても経験や実績が不足していただろう、それ以上になると気力の問題もあるし、リスクも大きくなる。ちょうどいい時だったと思う。

　そんな訳で人から独立や転職の相談を受けた際には35歳までに、とアドバイスするようにしている。それを逃すと次のタイミングは定年前の希望退職の対象年齢まで待つようにと勧める。建築家の仕事と僕らの仕事は中身が違う、ピークを迎える年齢にも違いはあるだろう。もちろん時代も違う。IT業界をはじめ、若い起業家も多くなっている。ただ、プロフェッショナルとしての仕事を考えた場合、35歳という年齢はひとつの区切りの時といえるだろう。仕事人生の後半を考えると、35歳までにどれだけの経験や思考を積み重ねたか、専門知識や感覚を磨いたか、ノウハウ、人的ネットワークを築いてきたか、が重要だと思っている。

今、僕がいるのは 35 歳で社長として入った会社ではなく、その 3 年後、新しい考えのもとに設立した会社だ。グランフロント大阪の中核施設「ナレッジキャピタル」の構想段階からコンセプト立案や事業企画を担当し、今も総合プロデューサーとして運営に携わっている。ナレッジキャピタルは多様な人たちの知恵とアイデアで新しい価値を創る、知的創造・交流の場だ。企画立案時には参考になる事例もなく、何のために、どう展開すればいいのか、死ぬほど考えた。21 歳でプランニングルームを設立した時には全く予想もしなかったプロジェクトだが、これまでの仕事を振り返ると、テーマやアウトプットは時代時代で色々変わる中、新しいこと、今までなかったことを、生み出すことにずっと関わってきた。その経験は役に立っているように思う。

　ナレッジキャピタルは開業 3 年が過ぎ、新しい展開を考える時期に来ている。そのひとつが時代を変える新しいプロジェクトの創出だ。今、ナレッジキャピタルにはコンセプトや運営についてのアイデアを求め、世界各国の行政機関や企業、大学などの視察団が連日のようにやって来る。その動きの中で各国や地域の関連施設とも連携も進めており、ビジネス交流も盛んになりつつある。また、AAF をはじめナレッジキャピタルをベースにした様々な活動やコミュニティが増えてきている。人口知能、ロボティクス、IoT、ウェアラブルコンピューティング…そして建築。それぞれの活動を尊重し、支援しながらもこれらのコミュニティを横断的につなぐことで何か面白いことはできないか？さらにそれを海外展開できないか？　大阪発の国際的プロジェクトの可能性を考えたいと思っている。
　これからもナレッジキャピタルのコアバリュー「OMOSIROI」を追及していきたい。

一般社団法人ナレッジキャピタル　総合プロデューサー
株式会社スーパーステーション代表取締役社長　　野村卓也

in addition ｜ 木原幹夫

プロセスを表現したモックアップ

　20歳台後半の頃だっただろうか。1977年からAGCの東京支店に所属していた私は、ある大型プロジェクトの現場で、大手の組織設計事務所に所属され、外装のエキスパートと称される設計者が主催する「納まり検討会」に毎週、参加していた。カーテンウォールの施工を伴う現場であったため、ガラス、サッシ、シーリングの各業者とゼネコンの現場主任者がひとつの施工図に向かって、納まる、納まらないの議論を深夜まで延々繰り返す。この検討は、単に図面上で納まっている箇所を確認するのではなく、図面に表れない隠れた部分、例えば入隅の左右のガラスはどちらから先に施工するかとか、そこはシールのマスキングテープが貼れるか、までを参加する全員が3Dの目を持って想像することが求められた。この経験から得たものは大きい。日常的に現実に見えるものを私たちは認識して判断をしているのだが、設計というのは、現実にあるものを組み合わせるだけではなく、目的に合わせる機能を満たしながら創造力を働かせて「納める」行為だからだ。だから多くのプロジェクト現場での試行錯誤のプロセスを経て、時にはモックアップをつくり、施主や設計者、施工者と共に、多くの工事現場で関わる全ての関係者が、その部位の成果にも、共感することができるのだろう。つくられていくプロセスを示す現場は、いつの時代も大切なものだと感じていた。

　私たちAGCスタジオは、本展と連動した取り組みを、5年前から取り組んできた。毎年公募で募られ、石上純也先生や藤本壮介先生など、世界で活躍されている建築家の方たちによる厳正な審査を経て選出された若手建築家の出展者の方たちに、「U-35 Glass Architecture Competition」という取り組みに提案をいただくものである。それは現在、街にある建築には、やはりガラスは欠かせない部材となってきたようだからだ。確かに透明性をもつ硬質素材という特質により、温度や湿度、騒音などから人を守る役割を果たしながら、内部空間に明るい光をもたらしながらも、外部環境への視界をクリアに広げることができ、閉ざしながらも透明性をもつ空間には、人々に清々しさや感動を与える力がある。しかし多様化が進むこれからの社会において、私たちガラス・メーカーも近代主義の先にある、明日の建築につながるような役割を担えるように、「多様な光のあるガラス建築」と題して、これからの時代を担う若い建築家と一緒になって、建築の表現を探る機会を設けた。提案をいただくのは、今後、実現性のある実際の建築のガラス建築へのアイディア。そして構造家の佐藤淳先生、建築家の太田浩史先生、そして本展のオーガナイザーを務められている平沼孝啓先生に審査をお引き受けいただき、二次選考となる公開審査会を経て最優秀賞となった案を、部分的な1/1のスケールモデルを、ショウルームを

兼ねたAGCスタジオ内に設置してもらう試みで、過去5回ともに力強い提案が実現化されてきた。いうなれば体験型のモックアップである。通常なら工事現場にあるようなこのモックアップを中心に、提案を一同に展示する、「U-35 YOUNG ARCHITECT JAPAN. 多様な光のある建築展」という展覧会を毎年約3ヶ月の期間開催をすることから、ショウルームに来館いただく設計者の方たちや、私たちガラスの製造関係者、そして通りを歩く一般の方たちにも提案を見てもらい、小さくても実際の空間を体験してもらうことで、これからのガラス建築の広がりに想像力を働かせ、ゆっくりと共有していただくことができる。そして裏方となって取り組ませていただいている私たちにとっても、そのじっくり生まれてくるレスポンスから大きな収穫をもたらすものだ。

開催をはじめた2011-2012年、加藤＋ヴィクトリアは、自分でチェーンソーを使って切り出した樹木の間にガラスが嵌まった無色透明の茶室をつくり、2012-2013年は米澤隆が254枚ものガラス小片とワイヤーとボルトによるテンセグリティ（圧縮材（ガラス）と張力（ワイヤー）を組み合わせた構造）のパビリオンのようなモックアップを実現。2013-2014年は岩瀬諒子がタブレット表面に使用する薄板化学強化ガラスを使って、風に揺れる草むらの揺らぎを表現した。この作品はその年のGlastec2014（ドイツ・デュッセルドルフ）のガラス技術展示会でも再現された。昨年の2014-2015年は一転して1トンあまりの黒いガラスの塊がスタジオに出現。高栄智史の無限の宇宙を思わせる茶室となった。そして現在開催中の2015-2016年は、髙濱史子の薄板化学強化ガラスを使った可動する花びらのようなガラスカーテンの空間が展示中である。これらそれぞれを実現するためには、工事現場でおこなっていたように、多くのアイディアの試行錯誤が繰り返される。まさに建築のプロセス展そのものと言えるだろう。

このプロセス展は完成した作品だけで判断されて、一時的なインスタレーションと評価されることもあるが、ガラスという特殊素材を若い建築家に検討プロセスを順序立てて経験してもらうために役立ててもらいながら、現在の工事現場で機会が失われつつあるモックアップでの確認作業が再び進み、こうした検討や議論を繰り返したプロセスが建設現場や公共事業にも認められていくだろう。また、美術展のように展覧会自体が発表の主体とはならない建築の展覧会において、新たな新基軸となる一端を担うようになることを私たちのようなガラス・メーカーも担うべき課題だと感じている。今年も7組の出展者からの提案をいまから楽しみにしている。

AGC旭硝子 主幹　木原幹夫

archive

2010年開催の様子 (2010.09.29-10.11)

2011年開催の様子 (2011.09.09-10.10)

2012年開催の様子 (2012.09.07-10.6)

2013年開催の様子 (2013.09.05-10.05)

archive

2014年開催の様子 (2014.09.04-10.04)

2015年開催の様子 (2015.10.16-10.31)

【過去の出展者】

2010 年　大西麻貴　大室佑介　岡部修三　西山広志・奥平桂子　藤田雄介　増田信吾・大坪克亘　米澤隆

2011 年　大西麻貴　海法圭　加藤比呂史・ヴィクトリア・ディーマー　金野千恵　瀬戸口洋哉ドミニク　増田信吾・大坪克亘　米澤隆

2012 年　能作文徳・能作淳平　久保秀朗　関野らん　小松一平　米澤隆　増田信吾・大坪克亘　海法圭

2013 年　岩瀬諒子　植美雪　小松一平　杉山幸一郎　塚越智之

2014 年　長谷川欣則　細海拓也　植村遥　魚谷剛紀　伊藤友紀　高栄智史　山上弘・岩田知洋

2015 年　植村遥　岡田翔太郎　金田泰裕　北村直也　佐藤研也　高濱史子

special interview Ⅱ ｜ 藤本壮介（ふじもと そうすけ）
インタビュア：平沼孝啓（ひらぬま こうき）

——この展覧会をはじめて開催した 2010 年からいつも良き相談者となり、若い出展者と議論を交わすため、大阪に駆けつけてくれる藤本壮介さん。毎年、見直しを重ねていくプログラムについても中心となり、出展者側としての立場から見る側のことまでにも深く考え、いつも前向きな意見をくださることから、6 年目となる昨年の開催にも新鮮な流れをつくってくれました。

　昨年は、公募による出展者の選考を審査され、決定した出展者たちの提案をブラッシュアップまでしてくれようとしていたり、建築の展覧会のあり方を一緒になって導きだそうとしてくれる。

　そんな、この展覧会にも所縁の深い藤本さんが、今、この展覧会にどのようなことを思い、どのような方向へと導いていくことへ興味をもたれているのかを知りたいと思ったのと、ご自身がこれまで建築の展覧会を開催されてこられたことを通じて、最近のプロジェクトに対しても考えていることや、今回の U35 出展者をはじめとする、建築を志す若い建築家へ向けてのメッセージをお聞きしました。

藤本壮介（ふじもと そうすけ・建築家）
1971年 北海道生まれ。東京大学工学部建築学科卒業。00年藤本壮介建築設計事務所設立。第13回ヴェネチア・ビエンナーレ日本館で金獅子賞を受賞。13年サーペンタインパビリオンの設計者に選ばれる。

平沼孝啓（ひらぬま こうき・建築家）
1971年 大阪生まれ。ロンドンのAAスクールで建築を学び、99年 平沼孝啓建築研究所設立。主な受賞にイノベイティブ・アーキテクチュア国際建築賞（イタリア）など。14年ヴェネチア・ビエンナーレ国際建築展。

藤本：ありがとうございます。あらためて、かしこまって、（笑）今日はよろしくお願いします。

平沼：（笑）よろしくお願いします。まずは昨年、藤本さんが出展者公募の審査という役割をお引き受けくださったことから、出展者たちにどんな印象をお持ちでしたか。

藤本：まず印象的だったのは、開催初日のシンポジウムの際に、決定するはずだった最優秀賞者(U-35 ゴールドメダル賞)が決められなかったことです。でも、いい意味でこの展覧会の趣旨、U-35 という展覧会自体の可能性があらためて見えたんじゃないかと思っていました。出展者たちは様々なベクトルに向かってやっている。収拾がつかないというか、とりとめのないものとも言えるんだけど、何よりもアプローチがユニークで、簡単にまとめきれないような、不思議な感覚があったなぁと思って、それが面白かったなぁと思うんですよね。

平沼：なるほど。僕たちが知っている時代の枠組みの中にないっていう意味ですか？

藤本；そうそう。20代後半から30代前半くらいの人たちって「次の世代はどうなんだろう」って注目されて、現代社会からのレッテルを貼られたり、枠組みを与

えられたりするじゃないですか。確かにそうすると、一般者にもわかりやすいし世間への広がりの良さもあると思うんだけど、本人たちからすると、きっと「いやいやそんな枠組みなんか与えないでよ」と、今、正に「なにかが生まれようとしているからちょっと待って！」みたいなとこってやっぱりあると思うんですよね。僕らが当時そうだったようじゃないですか。(笑)

平沼：(笑)そうでしたね。それまでの設計の手法や取り組み方じゃない、いろんなベクトルに向いた「模索」をずっとずっと深く、深く探っていた。確かに藤本さんもそうだし、一昨年審査をしてくれた石上さんも、今年の審査をしてくれる五十嵐さん。そして本書の寄稿をくださっているパリにいる田根剛さんも、NY にいる OMA の重松象平さんも、みんな違う。

藤本：そうそう、収拾がつかないというか、とりとめのなかったものが、今ではバリエーションの豊富ともいえるような個性豊かな建築の時代をつくれるかもしれない。
もっと、もっと、これまでの時代よりも更に自分たちの道というか、独自に模索していきたいような感覚があって、たくましい奴らだなぁと思って僕らも見ていたいんですね。

平沼：この展覧会は昨年で6年目を迎えることができました。開催地も移転し、どちらかというと地方都市を代表する玄関口での開催となりました。これまでの開催地とはまた違った意義や、開催のあり方も問われています。

藤本：そうそう、継続をしているとだんだん焦点が合ってくるというのか、建築の取り組みにも共感してくれるような方が少しずつ増えてきてくれています。一方でいますぐ社会に対してどうとかって、無理繰り道筋を付けない方がいいんじゃないかとも思っていて、若い人たちが何かしらの新たな価値や可能性をもとめて色々やっている状況も持続させてあげたい。今、「役に立つ」とか「わかりやすい」とか一般の人たちが見ていても楽しめる？とか、現代のいろんな必然性もあるんだけど、僕が一番大切なのはその可能性みたいなのがフツフツわいているところをしっかり見守ってあげるというか、その場を与えて彼ら

の励みになり、生き生きするようなプラットホームをつくり上げ、継続しつづけてあげていくというのが一番いいんじゃないかと思うのです。

平沼：なるほど。僕は地元民だから少し言えるのかもしれません。大阪のことを地方都市というと、大阪の方たちは「いやそんなことはない！」（笑）と一部の方たちには叱られてしまうのですが、大阪ががんばると46都道府県の都市を代表するような地方都市にもなれるんじゃないかと思っています。その上で、大阪駅を玄関口っていう様に見ず、出発口だと勝手に思っていて、東京へ向かったり、海外でも活躍していけるような場所へ担えないかとも思っています。つまりこの展覧会は未完成な状態だけど、次の時代を予感させてくれるような登竜門的な展覧会になってくれればいいなぁと思っています。

藤本：そんなのがいいですよね。完成された表層のパッケージばかりを見せられるよりも、不完全な到達点までのプロセスが見えた方が少なくても僕らはおもしろい。そこにいろいろな「これからの可能性」の視点をもつ人が見に来るっていうのが、彼らにとってきっと刺激になるから、今まで自分一人で考えていたことが、誰かに通じるのか？っていう、最初の世の中への接点にもなり得るんだと思うのです。そして彼らが、社会ってものに気付く場でもあったりしてほしいし、僕らはそこまで、深めてあげたり高めてあげたり、整えていったり世間との位置づけをしていく役割も兼ねているのですね。

平沼：ちょっと藤本さんの今の取り組みも聞かせてください。もういよいよ藤本さんも40代半ばになりました。

藤本：僕らは同じ年だから、平沼さんも今年いよいよ 45 歳ですからね。(笑)

平沼：あっ、はい。(笑)
海外でのプロジェクトもいよいよ多くされていて、パリに事務所もつくられたことをお聞きしました。海外でのプロジェクトの取り組み方であったり、事務所へつくられたきっかけや成り行きをお聞かせください。

藤本：たまたま縁があってですね (笑)。まず 3 年前くらいにフランス人スタッフが、たまたま事務所に入ってきました。英語も話す子だったので普通に仕事をしていたのですが、約半年が過ぎた頃、モンペリエという南仏の町でのコンペに誘われ、フランス語も話すその子が現地とのやりとりを担当していました。その子がいたから進み具合もスムーズにとても楽で、結果としてこのコンペは 1 等をもらえ、実施としてのプロジェクトが動き出したんですよね。そうすると、あれよあれよという間に、ローカルアーキテクトやデベロッパーなどの関係者との仕事が増え、この場所(南仏)だけじゃなくて、パリにもつながりが出来てきました。そんなことをしているともうひとつフランス国内でのコンペが取れたり、コンペに参加しませんか？っていう依頼がきたり、通う頻度が増えてきたんですよ。それで事務所を つくったという成り行きなんですよね。

平沼：僕ら設計者はコンペという場で設計するチャンスを獲得していくわけなんですけど、若手の方たちにコンペで勝つ理由を聞かれても多分ないんですよね。いまお話しくださったような状況のスゴロクのよ

うに挑戦の重なりで進んでいく。僕が藤本さんのコンペ案をはじめて知ったのは、もう10年以上になるのでしょうか？安中のコンペでした。（※2003年 安中環境アートフォーラム国際設計提案協議 一等案 藤本壮介）その前あたりから考えると藤本さんは15年以上コンペに出し続けているわけですよね。もちろん勝っている数よりも負けた数のほうが多い。

藤本：たしかにそうですね。(笑)

平沼：負け続けても諦めず意欲的に挑戦されている結果、事務所が生まれ、事務所が生まれるとまた仕事が生まれる。この持続していくやり方の工夫というのは若い人たちには教えてあげられないですか？それは挑戦好き？コンペ好き？

藤本：挑戦好き！（笑） 僕らの世代って、学生のときや無名の時代に、メディアテークだったり横浜旅客ターミナルだったり、すごく魅力的なコンペがありましたよね。コンペっていうのは単に仕事を取る手段ではなくて、新しい価値を自分が生み出して、それがある日、突然に認知される。世界中の人が考えなかったことみたいにね。ラ・ヴィレット公園やフランス国立図書館とか見ていて、やっぱりコンペって面白いなって思えていました。妹島さんなんかは、その後2000年代に入ってもそういう、新たな価値を生み出す案をつくり続けていて、そういうのを見ていたら、仕事になるかどうかというよりも、コンペって自分がやったことない規模とか土地で考えなきゃいけない訳で、そこで考えたことのない新しい課題に直面していくことで、自分の中から更なる力が引き出されるようなところがあるような気がして、それをバネに、もっともっとドライブしていく様な感覚を捉えているんでしょうね。

平沼：自分のモチベーションの活性剤にもなっているということですね。

藤本：そうです。やばい、これ、とれちゃったらすごいよね、みたいな。（笑）

平沼：アハハ。わかります。（笑）

藤本：ほとんど獲れないんだけど、偶に獲れたりすると、うぉー、みたいな。(笑)

平沼：すごくわかります。(笑)日常的な取り組みのようにコンペには挑戦をし続けているのですが、まだまだ僕は少ししか叶いません。ひとつひとつの取り組みだから、相対評価をしても意味がありませんが、藤本さんが取り組まれている建築のうち、コンペがきっかけだったのはどのくらいの割合ですかね？

藤本：僕も数で言うとそれほど多くはないのですよ。でも規模が大きいのは大体コンペです。今、フランスで集合住宅とポリテクニックという大学、そしてブタペストで博物館。この３つそれぞれがだいたい１万㎡くらいなんですよ。この規模の直接の依頼になると用途も全然違いますから、とてつもないコネクションがあればともかくとして、なかなか依頼では叶いませんね。今回、獲れたフランスの複合施設は、5.7万㎡くらいになり、もうコンペでしか獲れない。(笑)

平沼：藤本さんはフランスだけじゃなくて世界各国にコンペで建築の新たな価値を提案して挑戦しています。という意味では世界各国、10カ国以上には提案されたことがあって、それぞれの国や場所の特性を読み解きながら、藤本さんなりのフィルターを通してみて、それぞれのプログラムに合った提案をつくっていく。今の藤本さんは普通になりつつあるように思えてしまうのですが、建築をはじめたばかりの人から見ると、とてつもなく大きな差があるように見えしまうのですけど、実はそんなことなかったりする？

藤本：そうですよ。そんなことはないですよ！（笑）　僕も自分がね、こんなに海外にぐいぐいやっていくとは思っていなくて、海外でも面白そうだな、と思うコンペとかがあると「ただ面白そうだな」って思って挑戦しているくらいですよ。

　はじまりはようやくチームが英語を話せ、不自由なく操れる人たちが集まってくるとか、だんだんチームができてくる。じゃあ挑戦してみようかって、段々と取り組めるようになってくるんですよね。最初はもちろん上手くいかないんだけど、段々とステップアップしていくじゃないですか。そういっても僕らは海外へのコンペで挑戦を始めたのはここ7、8年くらいですよ。最初はやっぱり全然入選しないし、空回りの期間が続くんですけど、懲りずに段々やっているうちにリソースが溜まってくる。そして5年くらいですかね。ベオグラードや台湾のコンペとか、その辺りからようやくちょっと引っかかるようになってきました。

平沼：時代背景もそうだったような気がしますが、藤本さんの活動を振り返ると、10年くらい前までは、国内のコンペにも多く提案を出されていて、武蔵野美術大学図書館などの完成から国内での評価が高まり、海外に行かれたというような印象も受けたのですが、今の藤本さんは断然、海外でのコンペの取り組みが多くなっている。現在、国内コンペの提案はいかがですか？

藤本：ちょっとどうにかして欲しいんですけどね。（笑）しかも国内のコンペと海外のコンペと自分の中では何も違わないつもりで取り組んでいるんですけど、国内コンペが獲れないっていう。（笑）

平沼：藤本さんの中では、その場所が国内だから海外だからという意識や、海外でもベオグラードだからパリだからという意識はありますか？

藤本：パリのこういう場所だからこういう提案がありえるよね、とか、高松だったら、かなりクレイジーなものを求めているんじゃないかなって。意識としては何処でやるにしても、その土地と、そこの文化背景とプログラムを見て、そこから自分が積み上げてきたコミュニケーションみたいなもので、自分に今までないものもあるし、彼らに今までないものでもあるけど、自分にもつながっていて彼らにもつながっているものが出てくると、自分たちのものじゃないけど、自分たちには今までなかった新しい方向性だよね、とか言えると一番楽しいですよね。だからそういうのを発見するという意味では、いろんなところの今までやったことのない場所で提案するっていうのは設計者にとっても楽しいですね。

平沼：初期の作品や住宅、そして図書館と、国内でつくってこられた建築と、今、海外で提案するものは、それまでの考えの流れにあるものですか？

藤本：最近、わかんなくなっちゃったんです。(笑)　昔はもうちょっと向かう方向への地点が一点で、それまでの時代で俗にいう、世間でいうところの真面目な思考だったように思います。いわゆる思考というか思想というのか背後にある建築への考えみたいなことがひとつだったのが、多角的な視野になったいう意味で、最近は吹っ切れちゃって。(笑)　日常に過ごす中でも自分は、こういう風に考えているからこういう方向性はないよなっていう様にはならないですね。結局考えってよい環境によって柔軟に変化していくことじゃないですか。(笑)

平沼:はい、柔軟です。言うことも変わりますね。そして藤本さんはそんな良い環境のあるステージに進んだこともわかりました。(笑) 普通なら困難とか不安に思う部分でもあるんですけども、あまりそこは意識しない。

藤本:そうですね。とりあえず何かつくってみてから遡って考える。その方がつながっていくんじゃないかなと思っていて。

平沼:うんうん。まだまだ進まれていかれますね。
　もうひとつ逆側のことも聞かせください。最近はコンペの審査もされていることも多くて、どのような視点で案を選ばれていますか。

藤本:さすがに回転がはやいですね。(笑) そうこの間、滋賀県守山市・図書館のコンペの審査をさせてもらえたのですが、最後は隈さんが勝ちました。立衛さんや岸さんとか、すごい方々も応募されていたので提案の審査自体も大変でした。応募数は30点くらいしかなかったのですが、審査の経緯は図書館という特殊なプログラムもあるし、守山という場所の特性と合わせながら、この提案はちゃんと考えられているなとか、こういう視点でつくるのが面白いかなとか、パーっと見ていくと、あんまり深く考えがまとまっていない提案も多いんですね。だからザーっと振るいにかけられて、10案に残るのはそれぞれの視点で面白いものです。そして僕なりの一等っていうのは選べるんですけど、それだけではおもしろくないので、議論を交わしながら皆さんで審議をしていく。プレゼンを聞いていると理解が深まり、それでも結構、自分なりの真面目さで審査していると思います。でもあんまり好き嫌いもないし、合ってるんじゃないかなとか、こういう街だったらこういう提案に意味はあるよなとか、この街でその提案はずれてるよな、とか。

平沼:藤本壮介というフィルターで見るけれど、街のこと、使い手側のこと、を考えながら、一巡して見られている。

藤本:この守山の時は、ゴリゴリ設計をしている審査側は僕ひとりだったんです。そんな僕だけの視点で見るばかりだと審査は偏って

いる。それは仕方がないですもんね。だからこのときは、逆に各案の面白さというか魅力を説明する係だったように思っています。

平沼：なるほど。地域性やプログラムを加味した上で、各設計者の提案を翻訳するような感じで。

藤本：そう。建築ってそういう部分をもってるじゃないですか。どんなアーティストでも、ちゃんとベースの部分を理解したうえで、でもやっぱり驚きもあるし、こういう視点は他にはないな、とか、単なる冷静な分析だけじゃないですよね。

───昨年までTOTOのギャラリー間で展覧会を開催されておられましたが、ギャラリー間がはじまって以来の来場者が訪れたとお聞きしました。現代はマスメディアや専門メディアによる告知効果よりも、個人メディアが発達をしてきたため、口コミの効果が大きいようにお聞きします。そして、ファインアートと違い、建築の展覧会はまだまだこれから発展していかなくてならない分野のように思います。

平沼：話題が少し変わってしまうのですが、藤本さんのツイッターを見にいくと、結構面白いなぁと感じています。個人メディアの発達〜とあったのですが、藤本さんのツイッターに代表されるように僕は少し、勝手に感じています。それは、藤本さんを知る人なら皆さんきっと感じておられる、そのまんまだから。(笑)

このU-35の展覧会もそうだけど、建築を発信するような力ってちょっとずつですけど一般化している。国立競技場の問題もいい意味、悪い意味、もあって、これからどのように発展していかなくのかな、とわからないから教えてください。

藤本：なるほど。僕もわからない。(笑)考えたことなかったですね。ツイッターも建築を発信する意図は全くないですからね。なんかちゃんと発信していかないといけないんだろうなと、たまに思ったりもしますが、実は発信するの苦手なんですよね。

平沼：だからそのままになっていると。(笑)

藤本：そうそう。（笑）甘えた考え方だと思うんですけど、自分からグイグイいくっていうのが苦手で、むしろ自分がやっていることを人に見つけてもらいたいなぁ。

　つい先日勝てたフランスのコンペは、一昨日に発表があったようなのです。パリの大改革のようなことを市長が言って、こんなすごいことを君はやるんだよ、みたいなことを、メディアを通じて知らせられる。そしてコンペの結果を発表をすると、今後のパリはこんなになるみたいな感じで、新聞の一面に僕らのプロジェクトの写真とかがどーんと載っていくわけですよ。

　これからの街とか建築の有り様 みたいなものが、街のキオスクに置いてある新聞の一面に載ってるのは、なんかいいなと思いまし たね、みんなが関心を持って、パリがこうなるのか！って議論してる。こういうのが文化なんだよなって。

平沼：そんなのいいですね。でもそれは藤本さんの独特な人柄かもしれませんね。昔、本か何かで、立衛さんがレムについて話されていたのを思い出しました。レムが人間的だったという話しですが、人間の肉声を人々に届かせるというのか、自分の言葉というものを広めていくということを、メディアを通してきちんとやれる人たちの話しだったように覚えています。さっき藤本さんが言われた、凄いことと凄くないことの線の引き方がすごく伝わってきて、藤本さんという人間の価値観がダイレクトに伝わってきて、そして多くの人が影響を受ける。フランスでもまさか、まだ出来上がっていない建築に影響を受けたわけではないと思いますね。

藤本：自分では、何がなんだか…（笑）

平沼：いや、ここを知らせてあげてください。(笑) 藤本さんは国内の評価もさることながら、海外の評価がすごいじゃないですか。この間シンガポールに行ったときに、地元の方に藤本のレクチャーを聴きに行ったって写真を見せられて。(笑)

藤本：(笑) シンガポールのレクチャーは超大勢の人が来てくれて、確か 3,000 人くらいの方たちが来られていました。それで調子に乗っちゃって話していたら、みんなけっこう笑ってくれたりして、すごい盛り上がってくれたんですよね。あれは、今まででやったレクチャーの中で一番盛り上がったレクチャーですね。

平沼：最後はスタンディングオベーションだったみたいで。日本の建築家はみんなそうなのかって聴かれて、いやそうじゃないって、藤本さんだけ特別なんだっていう話をしていました。レクチャーもそうだけど、発信のあり方に新しいムーブメントがあらわれてくるような予感がしています。

藤本：レクチャーは、きちんと楽しませようと思ってやっていますよ。日本語で話すとまだまだうまくできないんですけど、英語って笑わせ方ってあるじゃないですか。まだまだですが、それなりの場数を踏んでもいますから、建築そのもののためではなくて、プロローグのものになるから。(笑)

平沼：最後に、この U-35 に挑戦してくる若い人たちにメッセージをいただけないですか？

藤本：がんばれ！としか言いようが…。でも、建築が楽しいと思ってやっているはずだから、がんばれるはずですよね。例えば僕がいろんな国で出会うクライアントも、ワクワクする感じでやって来るんですよね。だから出展をされる建築家の皆さんの展覧会なんかも、やっぱりワクワク感を伝えてもらいたいと思います。結局、最終的にできあがるものも、なんかすごいよね、みたいなものって、ずっと自分の中で居座り続けるじゃないですか。そういう感覚があってこそ、人へ自分の価値観や個性がダイレクトに伝わるものだと感じています。

平成 28 年 2 月 5 日　大阪・D&DEPARTMENT にて

―― 編集付録 ――

(インタビューの後、アートディレクターのナガオカケンメイさんが途中、参入されて建築メディアに関する議論となりました。)

ナガオカ：昨日、石上さんのような方のレクチャーを聞かせてもらった中で、藤本さんは聴講者の方たちに対して「きちんと楽しませようとする」と仰っていましたけど、そういうことまで建築家の方はされるのですか？ 僕の勝手な建築家へのイメージと憧れは、あんまり媚びを売らないというかサービス精神がないが故に隙がない。

藤本：確かにそういう建築家の方もおられましたね。背筋がピシっとなって、マオカラーのようなポートレートから伺えるような。

ナガオカ：でもお会いして話してみると皆さん意外に、なんかキャラが濃いだけにおもしろい人が多かったり。藤本さんもお会いすると見るからに楽しそうですよね。

藤本：いやいや、でも僕も写真だけだと、結構、怖い人に見えるみたいで、会って皆さん印象が違うみたいなことを言われることはあります。

平沼：意外に、槇さんもニコニコしてくれますね。

藤本：そうですよね。槇さんも気さくな方ですよね。

平沼：ノーマン・フォスターも会われてますよね。どうでしたか？

藤本：ノーマン・フォスターもただのいい親父ですよ。(笑)

平沼：これまでのメディアの扱われ方が特殊だったのかなと思ってしまいます。

藤本：そうですよね。きっと建築家像みたいなのが造られてて、昔、雑誌でみる伊東さんの昔の写真とかもやばいっすもんね。真っ黒のサングラスをかけていて。(笑)

平沼：ははは。(笑)　僕も見たことがあります。伊東さんにお会いするまでは、そんな方だと勝手に思っていました。どちらかというと建築家という人に焦点を当てた取り上げ方のものが多かったのかもしれませんね。作品よりもむしろ建築家の言葉や価値観に、興味があったんだと思うんですよね。でも最近の伊東さんくらいが日本で一番やわらかくメディアを扱ったように思います。

ナガオカ：なるほど。メディアの打ち出し方が、ある意味つくられたものだったりしたのですね。

藤本：それがここ10年で変わってきたんですよね。建築家の素顔を見せてもいいというか、幸いというか僕も性格的がこんな明るい感じなんで、写真撮るときも笑わずにはいわれないみたいまま、打ち出し始められました。

ナガオカ：確かに。藤本さんの様相のようなのも含めて建築は柔らかくなってきたと、外部から見ているとそんな気がするんです。もちろん建築界の進化によって重ねられ解き放たれてきたんですよね。

藤本：うんうん。でもレムに初めて会った時はやっぱり緊張しましたね、笑。話してみたらすごく穏やかでいい人だった。建築家という人たちは、建築のそのもののような部分と生き方のような部分が分けられない。職業じゃない存在でもあるから、いろいろ な人がいるなぁと思っています。それが面白い。でも共通していえるのは素直で正直な方が多くて、会ってみるとぶっちゃけた方がばかりですけどね。

afterword | 平沼孝啓（ひらぬま こうき）
あとがき

　昨年の会期中の10月にヨーロッパへと出かけていた。ちょうど展覧会の開幕初日に開催された出展者である若手建築家たちを応援するようなシンポジウムに参加させてもらった後すぐだったこともあって、出展者たちから聞いたコンセプトやプロセスを、海外の仲間や知人に日本の若手の取り組みを話すと、継続されてきたその年数と日本における建築界の登竜門のような役割の展覧会という取り組みに、いいね！と驚かれたものだ。

　でも開催をはじめた頃は、決してそうではなかった。欧米でこの取り組みを話すと、現地での若者への期待が薄れた意見が飛び交う。ある一定の高さまで上ってきてこそ、社会の役割を担える建築家だという意見ばかりであったし、土壌の開拓からはじめていくように若者たちを育て、期待をもつ時代が終わったかのように感じられた。そしてこの展覧会もその頃は、公募で出展者を募るような土壌があってできていたわけではない。建築分野の雑誌の休刊が続く中、若手が発表するメディアの数が減少し、活動を知られる機会を失った若手を探すことから始めた。活躍される建築家でありながら大学の教員を兼ねられた先輩方や、同世代の建築家の情報を頼りに、北は東北、南は九州まで人伝えに聴いた若手の小さなアトリエをたずね、取り組み中のプロジェクトの話しを聞かせていただいたものだった。現在、「35歳以下の若手建築家7組の展覧会」と題したこの年齢による展覧会では、建築家たちにとっての大きな活躍の前夜、フツフツとした貴重な時代に出会うのだろうか。この展覧会に出展される前と後では、活躍の幅の違いが明確に変わる方たちが多いように感じている。開催をはじめて7年が経ち、初年度から2年連続で出展された大西麻貴さんは、いまや公共施設の設計競技で上の世代に挑戦し仕事を獲得するまでに成長をしている。

　少子化がもたらした時代ともいえるのかもしれないが、十数年前からだろうか、「若者が勝者の時代」から「若者が敗者の時代」が到来しつつあると聞いた。日本では、僕らの世代が生まれた第二次ベビーブームの1971年〜74年頃にいったん増加はしたそうだが、82年から35年間連続の低下をし、子供と称される14歳以下は、今では総人口比の13％にも達しないそうだ。つまり今のU-35世代が少子化という新世紀の先頭である。人口比率が低くなるからといって、若者に希望や期待を与えない世界であってはいけないし、若者受難の局面を変える動きが、世界の建築界でも動きはじめているように感じている。

毎年、展覧会の開催に合わせて、出展者である若手建築家の、ひとつ上の世代の僕らが一同に集まり、講評を含めた議論を交わす機会がある。このシンポジウムでは、厳しい意見も交わされるのだが、僕らが目的にしているのは、批評を介して批判をするのではなくて、よい部分をできるだけ見つけてあげたいという想いから、誤った推論や感覚から判断する論理展開を避けるための解決として議論する。僕らにとってみれば、彼ら自身がまだ気がつくことができない評価をみつけるような作業であり、これまでの建築を紹介しながら、出展者の提案に存在する原理に結びつくような設計の方法論を聞き、コンセプトの正しさと美しさを共有するような作業とも言えるのかもしれない。

　昨年から設定されたこのゴールドメダルは、シンポジウムの議論から授与は果たさせなかったけれど、今年はこの賞を選出する論評を聴きに来られている方たちからも、いいね〜！と感じてもらえるような、あらたな価値を見出し、共有できる講評が展開できることを楽しみにしている。

　最後になりましたが、ファイン・アートの美術展のように、展覧会が発表の主体とならないことから、まだまだ発展途上の分野でもある建築の展覧会に対して、文化活動としての分野から継続の位置づけとしての深いご理解をいただき、計り知れないご支援をくださっている、グランフロント大阪 TMO の廣野研一さん、濱佳代子さんには、本当に感謝をするのと同時に、大きなシアターという会場を、若手の発表の場として設け、チャンスを与えて続けてくださっている、ナレッジキャピタルの野村卓也さん、福島靖之さんに、感謝の意を表したい。そして毎年、この展覧会へ出展を果たす出展者たちは、はじめて自身の頭の中にある考えを、展覧会を通じて広く発表していく際に、今までに経験をしたことのないような大きな困難に直面しながら、本当によく考えているのだと毎年、感心しているし、最後まで諦めずに表現をやり抜く信念を貫くことに敬意を表したい。この展覧会を通じて、多くの方々にみてもらい講評をいただくことで、人と建築が相互に関連しあい存在し続けている建築の存在を再認識すると共に、このような建築の展覧会の継続を担った新しくも発展的な表現というひとつの分野のあり方を深く追求し、そうしてできあがる人との対話のあり方や空間という場のあり方に、僕は期待しないわけがない。

（2016 年 5 月 20 日　大阪にて）

U-35 展 | acknowledgements
関係者一覧

we would like to acknowledge all the sponsors. this would not have been possible without YOU.
special thanks for supporting U-35 2016.

特別協賛

AGC 旭硝子　HELLO AGC studio

協賛

KS GROUP 近藤建設工業 近藤プロパティ ケイエスコミュニティ　日本電気硝子　Shelter

展示協力

inter.office　Cassina ixc.　Canon　Tanseisha　Panasonic　PACIFIC HOUSE TEXTILE CO.,LTD.　株式会社目黒工芸

昨年開催のシンポジウムの様子

events | U-35 展

記念シンポジウム & 関連イベント概要

U-35 記念シンポジウム I

日時　2016年10月15日（土）15:30-19:30
　　　（14:00 開場　15:30 第一部開演　17:20 第二部開演　19:30 終了）

ゲスト建築家　五十嵐淳 × 石上純也 × 平田晃久 × 平沼孝啓 × 藤本壮介

進行（建築史家）　倉方俊輔

日本を代表し全国で活躍する、出展者のひと世代上の建築家を一同に招き、これからの日本の建築のあり方を探ります。
ゲスト建築家の審査により、優秀展示作品に Under 35 Architects exhibition 2016 Gold Medal が贈られます。

五十嵐淳（いがらし じゅん）建築家
1970年北海道生まれ。97年 五十嵐淳建築設計事務所設立。著書・『五十嵐淳 / 状態の表示』(2010年、彰国社)・『五十嵐淳 / 状態の構築』(11年 TOTO出版)。主な受賞・吉岡賞、JIA 新人賞、北海道建築賞など。

石上純也（いしがみ じゅんや）建築家
1974 年神奈川県生まれ。04 年石上純也建築設計事務所設立。09年「神奈川工科大学 KAIT 工房」で日本建築学会作品賞受賞。10年ヴェネツィア・ビエンナーレ国際建築展にて金獅子賞を受賞。

平田晃久（ひらた あきひさ）建築家
1971年大阪生まれ。97-05 伊東豊雄建築設計事務所勤務。05 年平田晃久建築設計事務所設立。15- 京都大学准教授。12 年第 13 回ベネチアビエンナーレ金獅子賞（日本館）など他多数を受賞する。

平沼孝啓（ひらぬま こうき）建築家
1971年 大阪生まれ。ロンドンのAAスクールで建築を学び、99年 平沼孝啓建築研究所設立。主な受賞にイノベイティブ・アーキテクチュア国際建築賞（イタリア）など。14年ヴェネチア・ビエンナーレ国際建築展。

藤本壮介（ふじもと そうすけ）建築家
1971年北海道生まれ。東京大学工学部建築学科卒業。00年藤本壮介建築設計事務所設立。第13回ベネチアビエンナーレ日本館で金獅子賞を受賞。13年サーペンタインパビリオンの設計者に選ばれる。

倉方俊輔（くらかた しゅんすけ）建築史家
1971年東京都生まれ。大阪市立大学准教授。主な著書に『大阪建築みる・あるく・かたる』『吉阪隆正とル・コルビュジエ』『伊東忠太建築資料集』など。ADAN機関誌『建築設計』編集長。

meets U-35出展若手建築家　川嶋洋平　小引寛也+石川典貴　酒井亮憲　高池葉子　竹鼻良文　前嶋章太郎　松本光索

U-35 記念シンポジウム II

日時　2016年10月29日（土）15:30-19:30
　　　（14:00 開場　15:30 第一部開演　18:00 第二部開演　19:30 終了）

ゲスト建築家　**伊東豊雄**　　進行（建築史・建築批評家）　五十嵐太郎

世界を代表する日本人建築家・伊東豊雄氏を招き、これからの建築を考えていく方法と手がかりを探ります。

五十嵐太郎（いがらし たろう）建築史・建築批評家
1967 年パリ（フランス）生まれ。92 年東京大学大学院修士課程修了。博士（工学）。東北大学教授。あいちトリエンナーレ 2013 芸術監督。芸術選奨新人賞を受賞。

伊東豊雄（いとう とよお）建築家
1941 年生まれ。東京大学工学部建築学科卒業。近作に、「台湾大学社会科学部棟」、「みんなの森 ぎふメディアコスモス」など。現在、「台中国立歌劇院」（台湾）などが進行中。日本建築学会作品賞、ヴェネチア・ビエンナーレ金獅子賞、プリツカー建築賞など受賞。2011年に私塾「伊東建築塾」を設立。児童対象の建築スクールや、地方の島のまちづくりなど、これからのまちや建築を考える場として様々な活動を行っている。

meets U-35出展若手建築家　川嶋洋平　小引寛也+石川典貴　酒井亮憲　高池葉子　竹鼻良文　前嶋章太郎　松本光索

ギャラリー・イベント、ギャラリー・トークは
展覧会会場内イベントスペースで開催します

川嶋洋平 小引寛也 石川典貴 酒井亮憲

高池葉子 竹鼻良文 前嶋章太郎 松本光索

RELATED EVENTS | 関連イベント

会期中、関連する建築団体や企業によるコンペティションやワークショップ、
出展者や関西で活躍する建築家によるレクチャーを開催します。
ふるってご参加ください。事前予約制、各回定員 30 名。

ギャラリー・イベント
10.16(日) - 28(金) 本展に関連する企業・団体による開催
12:30 開場 - 13:00 開演 - 17:00 終了 ｜開催時間は日により変更
　　　　　　　　　　　　　　　　　　　　　　　詳しくはウェブへ

ギャラリー・トーク
10.16(日) - 28(金) イブニングレクチャー（毎夜開催）
10.16(日) - 22(土) 出展若手建築家によるギャラリー・トーク
10.23(日) - 28(金) 関西を代表するA40建築家のゲスト・トーク
各回　18:00 開場 - 18:30 開演 - 19:30 終了

● 展覧会入場料が必要です（¥1,000）
● 要事前申込み　http://u35.aaf.ac/ または【U35】で検索
※定員になり次第、申込みを締切ります。予めご了承ください。
※講演内容、時間、および講演者は変更となる場合があります。
※最新情報はウェブサイトよりご確認ください。

10月 ギャラリー・トーク｜スケジュール

Sun	Mon	Tue	Wed	Thu	Fri	Sat
16 18:30-19:30 ギャラリー・トーク 川嶋洋平 (出展若手建築家)	**17** 18:30-19:30 ギャラリー・トーク 小引寛也＋石川典貴 (出展若手建築家)	**18** 18:30-19:30 ギャラリー・トーク 酒井亮憲 (出展若手建築家)	**19** 18:30-19:30 ギャラリー・トーク 高池葉子 (出展若手建築家)	**20** 18:30-19:30 ギャラリー・トーク 竹鼻良文 (出展若手建築家)	**21** 18:30-19:30 ギャラリー・トーク 前嶋章太郎 (出展若手建築家)	**22** 18:30-19:30 ギャラリー・トーク 松本光索 (出展若手建築家)
23 18:30-19:30 イブニング・レクチャー 島田陽(建築家)	**24** 18:30-19:30 イブニング・レクチャー 香川貴範(建築家)	**25** 18:30-19:30 イブニング・レクチャー 前田茂樹(建築家)	**26** 18:30-19:30 イブニング・レクチャー 木村吉成(建築家)	**27** 18:30-19:30 イブニング・レクチャー 家成俊勝(建築家)	**28** 18:30-19:30 イブニング・レクチャー 前田圭介(建築家)	

島田陽（しまだ よう）
タトアーキテクツ 主宰
「misinterpretation」

木村吉成（きむら よしなり）
dot architects 共同主宰
木村松本建築設計事務所 代表
「近作について」

香川貴範（かがわ たかのり）
SPACESPACE 代表
「フレームワークス」

家成俊勝（いえなり としかつ）
dot architects 共同主宰
「ますます何をしているのか分からない最近の仕事について」

前田茂樹（まえだ しげき）
ジオ・グラフィック・デザイン・ラボ 主宰
「日常と連続した場のデザイン」

前田圭介（まえだ けいすけ）
UID 主宰
「ホームを拠点としたインターローカルな活動」

シンポジウム I・II 共通

会　場	グランフロント大阪 北館4階 ナレッジシアター
定　員	各回 381名　（事前申込制・当日会場にて先着順座席選択）
入　場	（各回）¥1,000
問合せ	一般社団法人ナレッジキャピタル 〒530-0011　大阪市北区大深町3-1 グランフロント大阪 北館 4F ナレッジシアター TEL　06-6372-6434 ※ JR「大阪駅」中央口（うめきた広場）より徒歩3分 　地下鉄御堂筋線「梅田駅」より徒歩3分
申込方法	下記ウェブサイトの申込みフォームよりお申し込みください。 **http://u35.aaf.ac/**

U-35 展覧会 オペレーションブック 2016
展覧会開催記念限定本

発　行　日	2016年7月1日（金）
会　　　期	2016年10月14日（金） - 10月30日（日）
会　　　場	うめきたシップホール（グランフロント大阪 うめきた広場2F）
執　　　筆	川嶋洋平　小引寛也+石川典貴　酒井亮憲　高池葉子　竹鼻良文　前嶋章太郎　松本光索
特 別 寄 稿	五十嵐太郎（東北大学大学院工学研究科）
	木原幹夫（AGC旭硝子）
	倉方俊輔（大阪市立大学大学院工学研究科）
	田根剛（DGT.）
	野村卓也（ナレッジキャピタル）
	平沼孝啓（平沼孝啓建築研究所）
	廣野研一（グランフロント大阪TMO）
	吉村靖孝（吉村靖孝建築設計事務所）
発　　　行	アートアンドアーキテクトフェスタ
アートディレクション	村松雄寛（平沼孝啓建築研究所）
制 作・編 集	松本ガートナー祥子（平沼孝啓建築研究所）
印 刷・製 本	グラフィック
撮 影・写 真	繁田諭（繁田諭写真事務所）

© 2016 AAF Art & Architect Festa, Printed in Japan.